처음
시작하는
논어

죽여도 죽여도 더욱 화려하게 부활하는 논어

　　우리나라에 가장 강력하게 영향을 미친 『논어』는 사서오경四書
五經의 첫 번째 책으로 중국 최초의 어록이자 유가의 경전이다. '배우
면서도 때때로 익힌다면 또한 기쁘지 아니한가? 벗이 먼 곳에서부터
오고 있다면 또한 즐겁지 아니한가? 남이 알아주지 않아도 화를 쌓아
두지 않는다면 또한 군자가 아니겠는가?'로 시작되는 『논어』의 '논'은
공자가 제자 및 여러 사람들의 질문에 대답하고 토론한 것이고, '어'
는 제자들에게 전해주는 가르침이다. 이처럼 『논어』에는 공자와 그
제자와의 문답을 주로 하고, 공자의 발언과 행적, 그리고 제자들의 발
언 등 인생의 교훈이 되는 말들이 간결하고도 함축성 있게 기재되어
있다. 한 사람의 저자가 일관적인 구성을 바탕으로 서술한 것이 아니
라, 공자의 생애 전체에 걸친 언행을 모아 놓은 것이기 때문에 여타의

경전들과는 달리 격언이나 금언을 모아 놓은 성격을 띤다.

차이콥스키는 작곡의 영감을 받았던 순간을 이렇게 묘사했다.

"미래의 작곡은 갑자기 예기치 못한 순간에 발아한다."

이처럼 훌륭한 예술가라 해서 매순간마다 그 진면목을 발휘하는 것은 아니다. 어쩌면 스쳐 지나가는 생각 속에서 멋진 작품이 나올 수도 있다. 그래서 가장 훌륭한 성취는 대개가 순간적인 영감을 통해서 만들어진다. 고전이나 경전도 마찬가지이다. 수많은 책들 중에 모든 책들이 우리에게 지혜를 주는 것은 아니다. 음악에도 클라이맥스가 있듯이 경전에도 짧지만 강한 핵심이 존재한다. 이러한 핵심을 명언이라 말하는데 이는 작품 전체의 핵심을 함축시킨 것으로서 창작의 영감이 고스란히 결집되어 있는 지혜의 결정체이다.

이러한 지혜의 결정체들은 알알이 열매가 되어 지금까지도 전해오고 있다. 더 나아가 그 과정에서 우리 인류에게 끊임없이 계시와 가르침을 전달해주고 있다. 이는 수백 수천 가지에 달하는 후세의 작품들은 도저히 흉내조차 낼 수 없는 크나큰 업적이라 말해도 과하지 않다.

『논어』를 연구하여 핵심을 파악한 정자는 '不知手之舞之足之蹈之'라는 유명한 말을 남긴다. 이 말은 '나도 모르는 사이에 손과 발로 덩실덩실 춤을 추게 된다.'는 뜻이다. 『논어』를 통해 심오한 공자의 사상과 철학을 파악한 정자는 그토록 희열을 느꼈던 것이다. 공자의 고향 곡부에 가면 '有朋自遠方來 不亦樂呼'라고 크게 쓰여 있었다. 이

글은 『논어』 제1장 1절에 나오는 말로 '친구가 먼 곳에서 왔는데 어찌 반가워하지 아니 하리오'라는 뜻이다.

공자는 참으로 열정적인 인간이었다. 고뇌와 절망을 반복하면서 자기의 꿈을 세상의 꿈으로 바꾸고자 평생 방황했던 인물이다. 기원전 497년 54세의 공자는 안회, 재아, 자로, 자공 등 4명의 제자와 함께 세상을 바로잡아 보고자 14년간 기나긴 유랑생활을 했다. 공자는 수천 킬로미터를 걸어 다녔으며 무려 일곱 나라를 두루 돌아다녔다. 또한 공자는 3천여 명의 제자를 거느렸는데 그의 명성은 제자를 잘 두어서 그의 행적과 가르침을 후대에 전했기 때문이라고 한다. 장자의 글 속에서 공자와 안회의 관계를 이렇게 서술하고 있다. "선생님이 걸으시면 저도 걷습니다. 선생님이 뛰시면 저도 뜁니다. 선생님이 달리시면 저도 달립니다. 그러나 선생님이 티끌 하나 일으키지 않고 화살처럼 멀어져갈 때 제가 할 수 있는 일은 선생님의 뒷모습을 멍하니 쳐다보는 것뿐입니다."

비평가들은 공자를 관념주의자나 현실을 모르는 사람으로 치부한다. 그러나 이것은 잘못된 평가다. 실제 공자는 권력이 실천의 동력이라는 것을 정확하게 파악하고 있었던 현실주의자라 할 수 있다. 그래서 그는 정치활동을 통해 천하를 바로잡고자 계층을 가리지 않고 수많은 대화를 나누었으며 끝없는 유랑을 했던 것이다. 이러한 공자가 가장 혹독하게 비판받은 것은 문화대혁명 때였다. 홍위병들은 공자의 무덤을 파헤쳐 공자가 확실히 죽어 있음을 확인했다. 8년 후에 모택동의 후계자 임표와 함께 끌려나와 또 모욕을 당했다. 이른바 비림비공批林批孔운동의 표적이 되었다. 그러나 모택동의 홍위병들이 공자를 완전히 죽였는가! 아니다. 결코 죽이지 못했다. 공자는 그들이 죽여도, 죽여도 더욱 화려하게 부활했다. 공자는 죽이면 죽일수록 불사신처럼 다시 살아났다. 어떻게 살아났을까? 중국은 전 세계적으로 다시 살아난 공자사상과 함께 2010년 1월 11일 천안문 광장 옆에 높이 7.9m의 공자상이 세워졌다. 모택동의 대형 초상화와 비스듬히 마주보는 곳에 공자는 위풍당당하고 화려하게 부활한 것이다.

이 책은 『논어』 중에서도 사람들에게 널리 알려진 명언만을 엄선했다. 그리하여 독자들이 일상생활에서 자주 접했던 명언들의 유래와 쓰임을 쉽게 이해할 수 있도록 고전의 새로운 장場을 마련했다.

명언 한 문장을 중심으로 각각 '명언 이야기', '지혜가 꼬리를 무는 역사 이야기' 이 두 가지 관점에서 분석과 해석을 가미했다. '명언 이야기'에는 명언이 생겨난 배경과 이야기를 실었다. 이를 통해 독자들이 명언의 역사적 배경을 이해할 수 있도록 했다.

공자는 말하기를 "아침에 도를 들으면 저녁에 죽어도 좋다"고 했다. 이 말은 마치 어떤 절대적인 도가 있는 듯한 분위기를 담고 있으나, 다만 도에 대한 다짐과 자세를 언급한 것으로 보인다. 공자는 "나는 열다섯 살에 학문에 뜻을 두었다"고 말했다. 학문이란 세상의 도道에 대해 배우는 것이다. 그런데 책을 통해서 도를 배우지만, 세상에는 아직 그 도가 온전히 실현되어 있지 못하다. 도가 실현되어 있는 사회상은 우리의 이상 속의 유토피아일 뿐이다.

　현실 속의 인간 사회는 정도의 차이는 있지만 아직 "도가 실현되어 있지 않다." 공자의 시대에는 특히 무도無道의 상태가 심했다. 그런데 세상에 도가 없기 때문에 도를 세우려는 노력이 유의미하게 된다. 즉 혼란한 세상을 개혁하여 질서를 회복하는 것이 "도를 세우는有道" 일이다. 요즘 말로 설명하면, 법이 공평하게 제정되고 제정된 법은 공평하게 집행되어서, 원칙과 상식이 통하고 편법과 반칙이 통하지 않는 그런 사회가 "도가 서 있는 사회다"라고 했다.

　『논어』에는 "널리 배워 뜻을 돈독하게 하며, 절실하게 질문한다." "배움만 있고 생각이 없으면 망령되고 생각만 있고 배움이 없으면 위태롭다"는 말이 있다. 이때 질문과 생각은 학문의 '문'에 대응된다. 즉 『논어』는 어떤 지식이든 항상 의문과 의심을 가지고 비판적으로 접근할 때에만 참된 나의 지식이 될 수 있다고 말한다. 『논어』에서 "학學"이라는 글자를 중심으로 논해지는 사상은 바로 오늘날 "학문"의 의미를 충실하게 담고 있다.

②

시간은 흘러가니 재능을 헛되이 말라

③

아침에 도를 들으면 저녁에 죽어도 여한이 없다

망한 나라를 다시 세우고 끊어진 집안의 대를 잇는다

5

아랫사람에게 묻기를 부끄러워하지 말라

6

얻지 못하여 염려하고 얻고 나면 잃을까 근심한다

누구도 늙어가는 것을 알지 못한다

처음 시작하는 논어

1

하나를
가르쳐주면
나머지 셋을
깨닫는다

하나를 가르쳐주면
나머지 셋을 깨닫는다

擧一反三(거일반삼)

공자께서 말씀하시기를 "스스로 배우려고 분발하지 않으면 깨우쳐주지 않고 모르는 것을 묻고 표현하려고 애쓰지 않으면 깨닫도록 알려주지 않으며 한 가지를 가르쳐주었을 때 나머지 세 개까지 알려고 스스로 노력하지 않으면 다시금 가르쳐주지 않는다."라고 하였다.

『옹야雍也편』에서 공자는 사람의 지능이 태어날 때부터 차이가 있다며 이렇게 말하고 있다. "중등 이상의 재능과 지혜를 갖춘 사람에게는 난이도가 높은 심오한 학문을 가르칠 수 있지만 중등 이하 수준의 사람에게는 그럴 수 없다."

이에 공자는 교육 방식을 덧붙이는데 이른바 '계발식' 교육을 주장했다. 위의 명언에서 보듯이 공자는 주입식 교육 방식을 반대했다. 그리하여 학생들에게 한 가지를 가르쳐주었을 때 나머지 세 개까지 알려고 스스로 노력할 것을 요구했다.

학생들의 자발적인 사고력이 우선이며 이를 토대로 잠재력을 자극시켜주는 계발식 교육을 진행한다면 훌륭한 교육적 성과를 달성할 수 있다고 여겼던 것이다. 이는 오늘날의 교육방식에 상당한 귀감이 될 만하다.

────────── **지혜가 꼬리를 무는 역사 이야기** ──────────

황도파黃道婆는 송대 말과 원대 초, 사회가 혼란스러웠던 시기에 송강부松江府 오니경烏泥涇(지금 상해上海의 용화龍華)의 가난한 농민 가정에서 태어났다. 황도파가 열 살이 되자 부모는 생계를 위해 그를 유족한 집에 민며느리로 팔았다. 그러나 시어머니의 갖은 구박과 학대를 견디지 못한 황도파는 집을 뛰쳐나가고 말았다.

천신만고 끝에 그녀가 도착한 곳은 중국 최남단에 위치한 해남도海南島였다. 해남도는 기후가 따뜻하고 다습하여 면화가 생장하기에 적합한 곳으로 줄곧 면방직업이 발달해 있었다. 현지의 소수민족인 여黎족은 뛰어난 방직 기술을 갖추고 있었는데 이들이 만들어낸 방직품은 근방에 명성이 자자할 정도였다.

손님을 열정적으로 대하는 풍습이 있는 여족들은 홀로 해남도에 도착한 황도파에게 많은 관심을 가지는 한편 선진적인 방직 기술까지 전수해 주었다. 황도파는 여족 여성들에게서 방직 기술을 배웠음은 물론 여족과 한족, 두 민족의 방직 기술의 장점을 결합하여 뛰어난 방직 기술자로 성장했다.

삼십여 년 동안의 해남도 생활을 마치고 고향으로 돌아온 황도파는 수십 년간의 풍부한 방직 경험에 근거로 방직 기계와 방직 기술에 대해 혁신을 단행했다. 그는 목공일에 익숙한 기술자와 함께 물레를 새롭게 연구 제조했는데 덕분에 방직률이 기존의 두세 배로 껑충 뛰었다.

황도파는 방직 작업 도구에 대한 개혁에 주력하는 한편 자신의 경험을 토대로 선진적인 방직 기술을 창조해냈다. 예컨대 색상배합, 꽃무늬 기술 등 신기술을 발명하여 방직 공예의 꽃무늬·방적·직포에 이르기까지 완전한 제작 규정을 마련했다. 또한 그녀는 여족의 주거·민속·종교·생활 등을 도안의 소재로 활용했다. 그렇게 해서 봉황의 무리·바둑판·문자·화초·인물 등 아름다운 도안들이 등장했고 이는 판매량 증가에도 대단한 공헌을 했다. 이렇듯 황도파는 중국 방직업의 번영과 발전에서 중요한 역할을 발휘했던 것이다.

고향에 돌아온 황도파는 과로로 말미암아 십 년도 못 되어 세상을 떠났지만 그녀가 죽은 뒤 그녀의 고향이었던 송강 일대는 전국의 방직업 중심지로 발전하면서 수백 년 동안 명맥을 유지했다. 18세기부터 19세기 사이에는 송강에서 생산된 방직품이 멀리 유럽과 미주 지역에까지 수출되면서 '옷감으로 천하를 덮다'는 미명을 얻었다.

썩은 나무에는
조각할 수 없다

朽木不可雕也(후목불가조야)

낮잠 자고 있는 재아宰我의 모습을 보고서 공자께서 말씀하셨다. "썩은 나무에는 조각할 수 없고 썩은 흙으로 쌓은 토담은 손질할 수가 없다고 했으니 너 같은 사람은 아무리 꾸짖어봐야 소용이 없다." 공자께서는 이어서 말씀하시기를 "예전에는 사람을 대할 때 그 사람이 말하는 대로만 행실을 믿었지만 지금은 말을 듣고도 그 행동하는 바를 살펴보게 되었으니, 이는 재아 덕분에 사람 대하기를 바꾸게 되었다."라고 하였다.

재아의 자는 자아子我 또는 재여宰予로서 춘추 말기 노나라 사람으로 공자의 제자이다. 재아는 언변이 뛰어나서 공자는 그를 '언어' 과목의 최우수생으로 인정하여 자공보다 높은 평가를 내렸다. 재아는 공자를 따라 천하를 돌아다니며 유세 활동을 펼쳤는데 자공은 그를

이렇게 평가했다. "언변이 뛰어나고 성인에 버금갈 만큼 지혜가 출중했으며 견해가 독특하여 창의성이 풍부했다. 여러 제후국들을 돌아다니며 유세할 때는 백만 명의 유세객들을 거뜬히 해치울 정도였다." 재아는 사고력이 풍부하고 깊이 연구하기를 즐겼으며 특히나 질문을 잘했다. 공자의 제자들 가운데 유일하게 공자 앞에서 당당하게 이의를 제기하곤 하여 공자가 탐탁지 않게 여겼다. 예컨대 재아는 당시 부모가 돌아가셨을 때 지키던 삼년상의 복상 기간이 너무 길다고 지적한 적이 있었다. 제도의 불필요성을 지적하며 일년상을 주장했다가 공자에게 어질지 못하다는 비평을 받아야 했다.

그러던 어느 날 재아가 대낮에 낮잠을 자고 있는 모습을 보게 된 공자는 참으로 드물게 제자에게 욕을 퍼붓게 되었다. 공자는 '썩은 나무', '썩은 흙으로 쌓은 토담'이라는 표현으로 재아에게 욕을 퍼부으며 재아 덕분에 사람 보는 방식을 고치게 됐다고까지 했는데 평소 재아에게 품고 있던 불만을 표출한 듯싶다.

훗날 재아는 제나라 임치臨淄의 대부직에 기용되었다.

—————— **지혜가 꼬리를 무는 역사 이야기** ——————

진晉의 무제武帝는 천하를 통일한 후 나날이 주색에 빠져 정사를 소홀히 하는 데다 성격조차 비뚤어지고 완고해졌다. 게다가 태자 사마충司馬衷은 간단한 문장 하나도 제대로 써내지 못하는 바보였다. 그야말로 '조각조차 할 수 없는 썩은 나무'였기에 왕위를 계승하기엔 부적합했다. 반면에 무제의 동생 사마유司馬攸는 학식과 재능이 출중하여 조정의 모든 대신들은 그가 왕위를 계승하기를 바랐다. 그러나 무제는 자신의 아들에게 왕위를 물려주기를 고집했기에 대신들은 감히 직언할 수가 없었다.

한번은 진 무제가 조정 대신들을 불러 연회를 베풀었을 때다. 대신 위관衛瓘이 술 서너 잔을 들이키고는 술기운을 빌려 앞으로 나서서 말했다. "소신, 한 가지 아뢸 말이 있는데 황상께서 들어주시겠습니까?" 진 무제가 승낙하였으나 위관은 말을 할 듯 말 듯 한참을 머뭇거렸다. 그러고는 황제가 앉아 있는 용상을 손으로 어루만지며 이렇게 말하는 것이었다. "이 자리가 참으로 아깝습니다." 순간 위관의 말뜻을 이해한 무제는 벌컥 화를 내며 말했다. "이 자가 정말로 취한 게로군!" 위관은 더 이상 말해봤자 소용없다는 걸 깨닫고 고개를 숙인 채 자리에서 물러났다.

태희 원년(290년) 4월, 진 무제가 병으로 죽자 사마충이 왕위를 물려받아 진 혜제惠帝가 되었다. 사마충은 영악하고 악랄한 가남풍賈南風을 황후로 맞이한 뒤 가남풍의 손아귀에 잡혀 꼭두각시 왕 노릇을 하게 되었다. 결국엔 팔왕八王의 난이 일어나면서 왕위 찬탈과 복위, 살해 음모, 반란이 연달아 터졌고 이로 말미암아 국력이 약화되어 멸망하고 말았다.

말만 듣고 천거하지 않으며
사람만 보고 버리지 않는다

不以言擧人 不以人廢言(불이언거인 불이인폐언)

공자께서 말씀하시기를 "군자는 말만 듣고 사람을 천거하지 않으며 사람만 보고 그 말을 버리지 않는다."고 하였다.

공자는 "군자는 그 말만 듣고 사람을 천거하지 않으며 품행이 바르지 못한 사람이라고 해서 그의 좋은 말까지 버리지는 않는다."라고 주장했다. 그러나 실제로 재아에 대해서는 이러한 주장을 실천하지 못했다. 재아는 뛰어난 말솜씨로 처음에는 공자에게 호감을 얻었지만 나중에는 거침없는 말투로 공자의 불만을 불러 일으켜 급기야는 '조각도 할 수 없는 썩은 나무'라는 비평을 들었다.

한번은 재아가 공자에게 대답하기 곤란한 문제를 물었다. "만일 갑甲이라는 현자에게 을乙이라는 현자가 우물에 빠졌다고 말하면 갑은 마땅히 우물에 뛰어들어 을을 구해야 합니까? 아니면 그냥 내버려 둬야 합니까? 우물 속으로 뛰어들면 스스로 목숨을 버리는 행위이고 그냥 내버려 둔다면 사람이 죽어가는 것을 보면서도 모른 체 하는 행위이지 않습니까?" 재아의 질문이 무례하고 고약하다고 여긴 공자는 이렇게 대답했다. "군자는 모든 일에 호기심과 의구심을 품어야 마땅하지만 결코 사람을 우롱해서는 안 되느니라."

또 한번은 재아가 오제五帝(중국 고대 전설에 나오는 다섯 명의 제왕을 말함)의 덕행에 대해 물었을 때다. 평소 제자들을 온화하게 대하던 공자는 차갑게 힐난하듯 대답했다. "너는 그러한 질문을 할 만한 위인이 못 된다." 이는 "군자는 말만 듣고 사람을 천거하지 않으며 사람만 보고 그 말을 버리지 않는다."는 그의 주장에 어긋나는 행위임이 틀림없었다.

──────── **지혜가 꼬리를 무는 역사 이야기** ────────

한漢 문제文帝가 상림원上林苑(진秦·한漢대 궁중의 동산 이름)으로 호랑이를 구경 갔을 때다. 한 무제는 호랑이에 관한 여러 가지 질문을 했지만 상림원을 총괄하던 책임자는 제대로 대답조차 못한 채 쩔쩔매기만 했다. 대신 호랑이 우리를 관리하던 하급 관원이 막힘없이 술술 대답하는 것이었다. 하급관원의 청산유수 같은 말솜씨가 흡족했던 한 무제는 그를 상림원의 책임자로 임명하고자 했다.

이때 황제를 보좌하고 있던 장석지張釋之가 앞으로 나서며 말했다. "폐하, 주발周勃에 대해 어떻게 생각하십니까?" 한 문제가 말했다. "훌륭한 신하지!" 다시 장석지가 물었다. "그럼 장상張相은 어떻습니까?" 다시 한 문제가 대답했다. "그 역시 뛰어난 신하지!" 그러자 장석지가 고개를 끄덕이며 말했다. "그 두 사람은 뛰어난 학식과 재능을 갖추고 있음에도 언변이 모자라서 제대로 말 한마디 못 할 때가 많습니다. 저렇듯 청산유수처럼 술술 말하는 자와는 비교도 안 되지요. 진秦대 도필리刀筆吏(기록을 담당하는 관리)들이 어땠습니까? 누구의 말솜씨가 뛰어난지 서로 겨루는 데만 정신이 팔려서 일처리는 한쪽에 내팽개치지 않았습니까? 그러한 나쁜 풍조가 진秦 이세二世까지 내려오면서 결국엔 나라가 망하지 않았습니까? 만일 폐하께서 저 하급 관원의 능수능란한 말솜씨 하나 갖고 중용한다면 그때의 나쁜 풍조가 다시 살아나게 될 것입니다. 그리되면 언변만 좋은 무능력자가 판을 치게 될 것이니 폐하께서는 신중하셔야 합니다."

한 문제는 말만 듣고 사람을 천거하는 폐단을 지적하는 장석지의 간언을 받아들여 그 하급 관원을 중용하지 않았다.

부와 권세는
나에게 뜬구름 같다

富貴於我如浮雲(부귀어아여부운)

공자께서 말씀하시기를 "거친 밥을 먹고 맹물을 마시며 팔베개를 하고 자더라도 인생의 즐거움이 그 가운데 있으니 불의한 수단으로 얻은 부와 권세는 나에게 뜬구름과 같다."라고 하였다.

공자에게 인생 최고의 가치는 인의仁義였다. 부귀와 도의道義 가운데 하나를 선택해야 하는 상황에서도 그는 굶주리는 한이 있더라도 거리낌 없이 도의를 선택했다.

기원전 493년 여름, 위衛 령공靈公이 병이 들어 죽었을 때다. 위 령공의 애첩 남자南子는 위 령공의 유언에 따라 막내아들 영郢에게 왕위를 물려주려고 했으나 영은 이를 받아들이지 않으며 말했다. "태자 괴외蒯聵는 비록 국외로 쫓겨났지만 그의 아들 첩輒은 이곳에 남아 있으니 마땅히 첩이 왕위를 이어야 합니다."

그리하여 첩이 왕위를 계승하였으니 바로 위 출공出公이었다. 그러나 이웃 나라에 피신 가 있던 괴외가 이에 반발하면서 부자간에 왕위 쟁탈전이 벌어지고 말았다. 설상가상으로 진晉나라는 괴외를 편들고 제齊나라는 위 출공을 편들면서 외부 세력의 간섭마저 초래하고 말았다.

공자는 이러한 위나라의 정치 상황을 비판하며 "위나라와 노나라는 그야말로 막상막하의 형제로구나."라고 말했다. 말인즉, 노나라는 주공의 후예이고 위나라는 강숙康叔의 후예인데 주공과 강숙은 형제간이기에 노나라와 위나라는 형제 국가라고 일컬은 것이다. 또한 노나라와 위나라 모두 정치가 부패하고 정국이 혼돈에 빠져 있었기에 '막상막하의 형제'라는 은유법을 사용한 것이다.

공자는 오 년여 동안을 머물던 위나라를 떠나 진나라로 옮겨갔다. 그가 위나라 군주를 보필하기를 거부한 이유는 그렇게 해서 얻은 부와 권세가 도의에 어긋난다고 여겼기 때문이다. 물론 공자가 부와 권세를 무조건적으로 거부하며 청빈을 주장한 것은 아니다. 다만 도의를 지키고자 했을 따름이었다. 이에 대해 공자는 이렇게 말한 적이 있다. "부귀공명은 사람들이 바라는 바이나 도리에 합당한 방법을 통해서가 아니라면 얻으려 하지 말아야 하며, 가난과 비천함은 모든 사람이 싫어하는 바이나 도리에 합당한 방법을 통해서가 아니라면 떠나려 하지 말아야 한다."

1646년 청淸나라 군은 대대적인 공격을 가해 남명南明의 도읍지 였던 남경南京을 함락한 뒤 병력을 분산시켜 절강浙江과 복건福建 지역으로 진격했다. 이때 스물여섯의 시인 장황張煌은 들끓는 애국심으로 고향 영파寧波에서 항청抗淸의병으로 참가했다.

청나라 조정은 장황에게 서신을 보내 투항을 권유했으나 오히려 격분에 찬 욕설만 돌아왔다. 그러자 이번에는 장황의 아버지를 협박하여 아들에게 서신을 보내 투항시키도록 종용했다. 그러나 장황의 아버지는 비밀리에 사람을 보내 가족 걱정은 하지 말고 의병 활동에 최선을 다하라는 격려를 보냈다.

장황은 아버지의 당부를 가슴에 새긴 채 주산도舟山島로 옮겨가 계속해서 의병 활동을 전개했다. 이때 제독提督(성省의 최고위급 무관직)은 장황에게 고위 관직과 후한 녹봉을 하사하겠다는 미끼를 던져 회유하려 했지만 장황은 일언지하에 거절했다. 그 후 청나라 조정에 체포되어 항주杭州로 압송되었을 때 절강성의 총독 조정신趙廷臣이 직접 그를 맞이하며 회유했다. "그대는 오랫동안 청나라 조정에 대항하여 의병 활동을 벌였기에 그 죄가 실로 크다. 그러나 우리 조정에 귀의한다면 모든 죄를 사하고 고위 관직을 하사하여 출세 길을 열어주겠다. 조정에서는 그대에게 병부상서의 관직을 하사코자 하는데 그대 생각은 어떤가?" 달콤한 유혹이었지만 장황은 눈썹하나 꿈쩍하지 않고 단호하게 말했다. "절개를 꺾고 부귀영화를 쫓는 것이 어찌 공명정대한 군자가 할 일이겠는가? 쓸데없는 말은 집어치우고 하루라도 빨리 내 목을 쳐라!" 얼마 후 그는 마흔다섯의 젊은 나이에 사형장의 이슬로 사라졌다.

사랑할 때는 살기를 바라다가
미워할 때는 죽기를 바란다

愛之欲其生 惡之欲其死(애지욕기생 오지욕기사)

자장子張이 공자에게 덕을 높이고 미혹을 판별할 수 있는 방법을 물었다. 그러자 공자께서 말씀하시기를 "충성과 믿음을 기본으로 삼고 행위가 예에 부합하는 것이 바로 덕을 높이는 것이다. 사랑할 때는 그 사람이 살기를 바라다가 미워할 때에는 그 사람이 죽기를 바라는 것이 바로 미혹이다."라고 하였다.

한번은 자장이 공자에게 어떻게 하면 슬기롭고 총명할 수 있는지 물었다. 그러자 공자는 비유를 들어 말했다. "암중 모략과 비방, 터무니없는 헛소문들이 네 앞에서 기력을 못 추스른다면 슬기롭고 총명하다고 할 수 있다."

이때 자공이 공자에게 어떻게 정치를 해야 하는지 묻자 공자가 말했다. "백성들이 배불리 먹고 살 수 있을 만큼의 풍부한 곡식과 강한 군사력, 그리고 백성의 신임을 얻는 일이 관건이다." 이에 자공이 또다시 물었다. "만일 한꺼번에 세 가지를 다 이룰 수 없다면 그 가운데 어느 것을 포기해야 합니까?" 그러자 공자가 말했다. "군사력은 잠시 보류해도 된다." 자장이 끼어들며 물었다. "만일 그래도 안 된다면 나머지 둘 가운데 어느 것을 포기해야 합니까?" 공자는 잠시 생각에 잠기더니 이렇게 대답했다. "의식주다. 예로부터 백성의 신임을 잃게 되면 나라는 곧바로 멸망의 길로 접어들곤 했다." 마지막으로 자장은 어떻게 하면 덕을 높이고 미혹을 판별할 수 있는지 방법을 물었다. 그러자 공자는 위의 명언을 이야기 해주었다.

─── 지혜가 꼬리를 무는 역사 이야기 ───

한漢 문제文帝 시절 등통鄧通이라는 뱃사람이 있었다. 어느 날 문제는 하늘을 오르는 꿈을 꾸었는데 제 아무리 발버둥을 쳐도 도저히 하늘로 오를 수가 없었다. 그때 구멍 난 옷을 입고 있던 뱃사공이 뒤에서 밀어주어 겨우 하늘로 오를 수 있었다.

꿈에서 깨어난 문제는 기이한 생각에 꿈속에 봤던 뱃사공을 찾기 위해 직접 강가로 갔다. 그런데 그곳에 정말로 구멍 난 옷을 입고 있는 뱃사공이 있는 것이 아닌가! 더구나 그의 이름에서 '등'은 하늘로 오른다는 뜻이었기 때문에 더욱 황제의 마음에 들었다. 문제는 등통을 궁궐로 불러들인 뒤 옆에 두고서 애지중지했는데 문제가 그에게 상금으로 하사한 돈이 십만 금에 이를 정도였고 벼슬도 상대부上大夫까지 이르렀다. 그러던 어느 날 문제는 관상을 잘 보는 사람에게 등통의 관상을 보게 했다. 그런데 관상가는 뜻밖에도 이렇게 말하는 것이었다. "저 사람은 가난으로 굶어죽을 상입니다." 그러자 문제는 고개를 가로저으며 말했다. "과인은 등통을 얼마든지 부유하게 해 줄 힘이 있는데 어찌 그가 굶어죽을 상이란 말인가?"

그리하여 문제는 특별히 등통에게 구리 광산을 하사하여 직접 동전을 주조하도록 하였다. 그로 말미암아 등씨전鄧氏錢이 유행하면서 등통은 천하제일의 갑부가 되었다.

세월이 흘러 문제가 죽고 태자가 뒤를 이으니 바로 경제景帝였다. 경제는 등통의 관직을 빼앗고 집에 칩거하도록 하였다. 그런데 얼마 되지 않아 등통이 주조한 돈을 빼돌렸다는 고발이 들어왔다. 경제가 그 사건을 조사하게 했더니 과연 사실이었다. 등통의 재산은 모두 몰수되었고 수만금에 달하는 벌금을 부과했다. 경제의 누이인 공주가 이를 불쌍히 여겨 등통에게 재물을 하사하였는데 그때마다 관원이 나와서 벌금 명목으로 모조리 몰수하는 바람에 비녀조차 몸에 지닐 수가 없었다. 그래도 공주가 몰래 먹을 것과 입을 것을 전달했으나 끝내 한 푼도 자기 이름으로 소유하지 못한 채 남의 집에 빌붙어 살다가 죽어야 했다.

나는 매일
세 번씩 반성한다

吾日三省吾身(오일삼성오신)

증자가 말하기를 "나는 매일 세 번씩 반성한다. 남을 위해서 일을 할 때 정성을 다하였는가? 벗들과 함께 서로 사귈 때 신의를 다하였는가? 전수 받은 가르침을 실천으로 옮겼는가?"라고 하였다.

증자曾子는 도덕 수양을 대단히 중시하여 날마다 수차례씩 자신을 되돌아보며 반성했다. 증자가 중병으로 드러누워 임종이 가까워올 무렵이었다. 그의 침상 곁에는 제자인 악정자춘樂正子春과 두 아들 증원曾元과 증신曾申이 앉아 있었다. 이때 방구석에서 촛불을 들고 서 있던 어린 종복이 문득 이렇게 말하는 것이었다. "나리가 침상 밑에 깔고 계신 대자리의 문양이 화려하고 멋있습니다요. 대부大夫들이나 사용하는 대자리 인가요?" 그러자 악정자춘이 나무라듯 말했다. "그

만두어라." 이를 본 증자가 병상에 누워 탄식하자 종복이 다시 물었다. "참으로 멋지고 훌륭한데 대부들의 대자리가 맞지요?" 증자가 힘없이 말했다. "그렇단다. 계손씨가 보내준 것을 내가 아직 바꾸지 못했구나. 증원아, 이리 와서 자리를 바꾸어라." 그러자 증원이 말했다. "아버님, 병이 위독하여 움직이시면 안 됩니다. 내일 아침에 바꾸도록 하겠습니다." 이에 증자가 탄식하며 말했다. "네가 나를 사랑함이 저 어린 종복만도 못하구나. 군자는 덕으로 사랑하므로 오래가고 소인은 눈앞의 이익을 두고 사랑하기 때문에 오래가지 못하는 법이다. 지금 내가 원하는 것이 무엇이겠느냐? 나는 마땅히 지켜야 할 예를 갖추고 죽겠노라." 그러자 증자의 제자와 아들들은 증자를 부축하여 일으켜 세운 뒤 다른 대자리로 바꾸어 깔았다. 그러나 증자는 새로이 깐 자리에 눕기도 전에 숨을 거두고 말았다.

위의 일화는 증자가 얼마나 자기 반성에 철두철미했는지 단적으로 보여주는 예일 것이다.

─────── 지혜가 꼬리를 무는 역사 이야기 ───────

추기鄒忌는 제나라의 재상이 된 후 하루에 세 번씩 자신을 돌아보고 반성하면서 치국의 도를 깨우쳐 나갔다.

어느 날 아침에 추기는 관복을 말쑥하게 입더니 거울에 이리저리 비춰 보다가 아내에게 물었다. "어떻소? 나와 북문에 사는 서공徐

公이랑 누가 더 잘생겼소?" "물론 당신이 훨씬 잘생겼죠. 어찌 서공과 비교하겠습니까?" 자신이 서공보다 더 잘생겼다는 말을 믿지 못한 추기는 이번에는 첩에게 물었다. "나와 서공 중에 누가 더 잘생겼느냐?" "당연히 나리가 서공보다 훨씬 잘생겼지요." 서공은 도성에서 가장 잘생기기로 유명한 사람이었다. 때문에 추기는 자신이 서공보다 잘생겼다는 말을 곧이곧대로 믿을 수가 없었다.

이튿날 친구가 찾아오자 추기가 또다시 물었다. "이보게, 자네가 솔직히 말 좀 해주게. 나와 북문의 서공 가운데 누가 더 잘생겼는가?" "서공 따위가 문젠가? 자네야말로 첫째가는 미남이지." 그런데 다음날 마침 문제의 인물인 서공이 집에 찾아왔다. 유심히 서공을 살펴보던 추기는 자신이 서공보다 훨씬 못생겼다는 사실을 비로소 확인할 수 있었다. 자기는 서공 발치도 못 따라갈 정도였던 것이다. 그날 밤 추기는 잠자리에서 곰곰이 생각에 잠긴 끝에 한 가지 사실을 깨달았다. "그렇다. 아내는 나를 진심으로 사랑했기에 거짓말을 했고 첩은 나의 비위가 상할까 두려워서 거짓말을 했으며 친구는 나에게 부탁할 일이 있었기에 그와 같은 거짓말을 했던 것이다."

추기는 이 일을 제나라 위왕威王에게 고하면서 이렇게 간언했다. "폐하, 대왕의 주위에 있는 모든 사람도 이처럼 듣기 좋은 거짓을 아뢸 것입니다. 그러니 앞으로는 그러한 거짓말에 주의하여 부디 참된 의견을 듣도록 하십시오." 위왕은 이 말에 고개를 끄덕이고는 즉시 교지를 내렸다. "온 나라 백성들은 누구를 막론하고 과인의 잘못을 솔직하게 고하는 자에게는 1등상을 주겠다. 그리고 글로써 충고하는 자에게는 2등상을 줄 것이며 조정이나 거리에서 왕을 비평하는 자가 있을 때는 3등상을 주겠노라." 그러자 왕에게 간언하기 위해 수많은 백성들이 궁궐로 모여들게 되었다.

그리하여 궁궐 문 앞은 마치 저잣거리처럼 변했는데 여기서 '문전성시門前成市'란 말이 유래되었다. 여러 달이 지나도 간언하기 위해 찾아오는 백성들의 발걸음은 줄어들지 않았으나 일 년이 지나자 백성들의 발길이 뚝 멈춰버렸다. 백성들이 왕의 잘못을 트집 잡으려 해도 더 이상 찾을 수 없게 되었던 것이다. 이러한 소문은 주변의 여러 국가로 퍼져나갔고 주변 국가는 제나라의 속국을 자청하며 스스로 찾아왔다.

위태로운 나라에는 들어가 살지 않는다

危邦不入 亂邦不居(위방불입 난방불거)

공자께서 말씀하시기를 "굳게 믿으면서 배우기 좋아하고 죽음으로 지키면서 도를 잘 수행해야 한다. 위태로운 나라에는 들어가지 않고 어지러운 나라에는 살지 않으며 천하에 도가 있으면 자신을 드러내 관직에 나가고 도가 없으면 자신을 숨긴다. 나라에 도가 있으면 가난하고 천한 것이 수치이며 나라에 도가 없으면 부유하고 귀한 것이 수치이다."라고 하였다.

공자가 서른다섯 살이 되던 해에 노나라에는 이른바 '싸움닭의 난'이 발생했다. 사연인즉슨 다음과 같다.

노나라의 귀족 계평자季平子와 후소백郈昭伯이 닭싸움을 벌이게 되었다. 후소백은 싸움닭에 갑옷을 입히고 계평자는 닭의 발톱에 작은 칼을 달았다. 승리를 자신했던 계평자는 닭싸움 중에 자신의 닭이

불리한 입장에 처하자 발끈 화가 치밀고 말았다. 그리하여 계평자가 사병들을 일으켜 후소백의 집을 쳐들어가면서 두 집안 간의 분쟁이 발생했다.

이에 후소백이 노 소공昭公을 찾아가 억울함을 호소하자 노 소공은 앞뒤 생각 없이 후소백에게 군사를 일으켜 계평자를 토벌하도록 명령을 내렸다. 이때 또 다른 권문세가였던 숙손씨는 계손씨가 숙청되면 자신의 입지도 약화될 거라는 계산에 곧바로 자신의 사병을 보내 계평자를 구하고 노 소공의 군사를 격퇴시켰다. 이에 노 소공이 또 다른 권문세가인 맹손씨에게 구원병을 요청했으나 맹손씨는 후소백이 전승을 거두었다는 소식을 듣고 노 소공이 파견한 사신의 목을 베어버렸다. 그리고 숙손씨·맹손씨·계손씨는 함께 힘을 합쳐 반란을 일으켜 노 소공을 내쫓고 말았다. 싸움닭 때문에 한 나라의 군주가 외국으로 내쫓기고 만 셈이었다.

공자는 이렇듯 노나라에 끊임없이 변란이 발생하자 '위태로운 나라에는 들어가지 않고 어지러운 나라에는 살지 않는다'는 도리를 깨닫고 노나라를 떠나기로 결심했다.

―――――――― **지혜가 꼬리를 무는 역사 이야기** ――――――――

위대한 군사 이론가였던 손무孫武는 춘추시대 오나라의 명장으로, 자는 장경長卿이고 제나라 낙안樂安(지금의 산동성) 혜민惠民 출신이다. 그의 증조부와 조부 모두 제나라의 명장으로 여러 차례 전쟁에서 혁혁한 공훈을 세웠다. 그러나 손무 대에 이르면서 가세가 몰락하였고 공교롭게도 제나라 조정은 갈등과 마찰이 심해 하루도 조용한 날이 없었다.

제 경공 1년, 좌승상 경봉慶封이 우승상 최저崔杼를 죽이자 이번에는 전田씨·포鮑씨·란欒씨·고高씨 등 귀족 가문들이 함께 연합하여 경봉을 내쫓아버렸다. 그러나 얼마 지나지 않아 네 개 귀족 가문들 사이에서 권력 쟁탈이 벌어지면서 내란은 더욱 복잡하게 꼬여만 갔다.

공교롭게도 전씨가 관할하는 지역에서 살고 있던 손무는 전씨가 권력 싸움에서 지게 되면 덩달아 재앙을 맞이할 위기에 처하게 되었다. 본의 아니게 권력 투쟁에 휘말리게 된 손무는 '어지러운 나라에는 살지 않는다'는 진리를 잘 알고 있었기에 가족을 이끌고 남쪽의 오나라로 옮겨갔다. 오나라로 옮긴 뒤에는 오랫동안 은둔 생활을 하면서 병서 연구에 몰두했다. 그는 춘추시대와 고대의 전쟁 경험을 총망라하여 이론을 세우고 병법 열세 편을 저술했는데 바로 그 유명한 『손자병법』이었다.

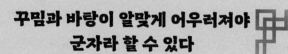

꾸밈과 바탕이 알맞게 어우러져야 군자라 할 수 있다

文質彬彬 然後君子(문질빈빈 연후군자)

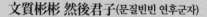

공자께서 말씀하시기를 "바탕이 꾸밈보다 나으면 촌스럽고 꾸밈이 바탕보다 나으면 사치이다. 꾸밈과 바탕이 알맞게 어우러져야 군자라 할 수 있다."라고 하였다.

공자는 옷차림을 매우 중시하여 아름다운 복식과 장식품을 '예禮'와 함께 연결시켰다. 즉 예의 관점에서 출발하여 화려하고 아름다운 복식과 장식품을 권력·지위·예의의 상징으로 여겼다. 그리하여 고대의 우禹임금을 칭송하며 "의복은 검소하게 입으면서도 제사용의 예복과 면류관 등에는 아름다움을 다했다."라고 말하기도 했다.

공자가 제자들을 이끌고 자상백자子桑伯子를 찾아갔을 때다. 그런데 뜻밖에도 자상백자는 손님을 맞이하기 위한 관복과 관을 쓰지도 않은 채 공자 일행을 맞이한 것이었다. 이에 제자 한 명이 공자에게 말했다. "스승님께서는 어찌 저러한 사람을 만나러 오신 겁니까?" 그러자 공자가 말했다. "자상백자는 품성은 소박하나 예의를 갖출 줄 모른다. 그래서 내 오늘 그에게 예의를 갖추라고 타이르기 위해 만난 것이다."

그러나 자상백자의 생각은 달랐다. 공자가 떠나고 난 뒤 그의 제자가 물었다. "스승님께서는 왜 공자를 만나는 겁니까?" 그러자 자상백자가 이렇게 대답했다. "공자는 품성은 소박하나 예의를 지나치게 중시한다. 그래서 지나치게 예의를 중시하지 말라고 타이르기 위해 만난 것이다."

공자는 소박한 품성도 중요하지만 때와 장소에 따라 예의를 갖춰 의관을 착용할 줄 알아야만 군자로 여겼다. 그래서 평소 겉치레를 중시하지 않는 자상백자를 타일러주고자 했다. 그러나 반대로 자상백자는 지나치게 외모를 중시하는 공자를 못마땅하게 여기며 타일러주려고 했으니 두 사람 사이에 말이 통하지 않는 것은 당연한 일이었다.

─── **지혜가 꼬리를 무는 역사 이야기** ───

당백호唐伯虎(명대 문인이자 4대 화가 가운데 하나)는 명대 성화成化 6년 (1470년)에 태어났다. 그의 아버지는 소주蘇州 저잣거리에서 주점을 차렸는데 수많은 문인과 화가들이 자주 이곳에 모여 술을 마시며 시를 읊었다.

　당백호는 어린 시절부터 글공부에 열심이었지만 그보다는 그림 그리기를 더욱 좋아했다. 강남江南의 재자才子로 유명한 축지산祝枝山이 주점을 찾아와 술을 마시다가 무심코 당백호가 벽에 그린 그림을 발견했다. 그것은 아름다운 산과 강이 그려져 있었고 그 가운데 꽃과 새들은 금방이라도 튀어나올 것만 같이 생동감 넘치고 아름답기 그지없었다. 축지산은 침이 마르게 칭찬을 하며 말했다. "주인장의 아들이 재능이 출중한 듯싶소. 참으로 훌륭하오." 축지산은 당백호를 불러 그의 머리를 쓰다듬으며 말했다. "내 너를 위해 유명한 스승을 소개해주고 싶구나!"

　말을 마치자마자 주점을 나간 축지산은 잠시 후 유명한 화가 심석전沈石田을 데리고 왔다. 심석전은 수염을 쓰다듬으며 자세히 당백호의 그림을 살펴보더니 다시금 그 옆에 얌전히 서 있는 당백호를 바라보며 생각했다. '이 아이가 상당한 재주를 갖고 있는 듯하지만 천부적인 재능이 있는지는 잘 모르겠군.' 잠시 생각에 잠겼던 심석전은 당백호를 시험하기 위해 시 한 수를 적어 보였다.

해락삼추엽 解落三秋葉	가을날 낙엽을 떨어뜨리고
능개이월화 能開二月花	초봄 꽃을 피워내누나.
과강천척랑 過江千尺浪	거대한 파도를 헤치고
입죽만간사 入竹萬竿斜	수만 가지 대나무를 사시나무 떨듯 떨게 하는구나.

총명했던 당백호는 즉시 붓을 들어 글자 하나를 쓰더니 두 손으로 받쳐 들고 심석전에게 건넸다. 이를 펼쳐든 심석전은 고개를 끄덕이며 칭찬을 쏟아내더니 그 자리에서 당백호를 제자로 받아들였다. 시 속에서 읊은 대상은 다름 아닌 '바람'이었다. 당백호는 단번에 정답을 알아맞혀서 자신의 천부적인 재능을 증명했던 것이다.

남의 부귀를
시기하지 않고 탐하지 않는다

不忮不求(불기불구)

공자께서 말씀하시기를 "해진 무명옷과 도포를 입고서 여우와 오소리 털로 만든 옷을 입은 자와 같이 서 있어도 부끄러워하지 않는 자는 중유뿐일 것이다. 『시경詩經』에 이르기를 '남의 부귀를 시기하지 않고 탐하지 아니하면 어찌 쓴들 착하지 아니하겠느냐?'"라고 하였다. 이에 자로子路가 공자의 말을 항상 외우고 다니자 공자께서 말씀하시기를 "그것이 도리이기는 하나 그것만으로 어찌 족히 좋다고 할 수 있겠는가?"라고 하였다.

———

자로의 이름은 중유仲由로서 노나라 변卞 지역 출신이다. 자로는 품성이 거칠었지만 용맹하고 강직한 사람이었다. 자로는 항상 수탉의 깃으로 만든 모자를 쓰고 수퇘지의 가죽으로 장식한 보검을 허리에 차고 다녔다. 한때 공자를 업신여겨 포악한 짓을 일삼았지만 공자는 예의를 다해 천천히 바른 길로 이끌어갔다. 훗날 자로는 유학자들이 입는 의복을 갖춰 입고 공자 제자의 추천을 받아 공자의 제자가 되기를 간청했다. 공자는 이러한 중유를 "해진 무명옷과 도포를 입고서 여우와 오소리 털로 만든 옷을 입은 자와 같이 서 있어도 부끄러워하지 않는 자는 중유뿐일 것이다."라고 평가했다. 이 말을 전해들은 자로는 기분이 우쭐해져서 날마다 공자가 했던 말을 입에 달고 다녔다. 이를 본 공자가 다시 이렇게 말했다. "지금 현재의 수준에 만족해서는 안 된다. 설사 탐하지 않고 시기하지 않는다 해도 그것만으로는 부족하다. 좀 더 높은 목표를 갖고 크나큰 성과를 달성해야 한다."

자로는 힘이 세고 무공 실력이 높아서 항상 공자를 호위하곤 했다. 그래서 공자는 "중유가 제자가 된 이후로 나를 비방하고 욕하는 소리가 들리지 않는구나."라고 칭찬했다. 훗날 위나라에 폭동이 발생했다는 소식을 전해들은 공자는 안타까운 듯 탄식하며 말했다. "이런, 중유가 죽겠구나!" 과연 얼마 지나지 않아 중유의 부음이 전해져 왔다.

──────── 지혜가 꼬리를 무는 역사 이야기 ────────

한漢대 말 혈혈단신으로 강동江東 지역으로 피난 온 보즐步騭은 하루하루가 궁핍하기 그지없었다. 그리하여 그는 새로이 사귀게 된 친구 위정衛旌과 함께 오이를 심어서 내다 팔아 생계를 이어가게 되었다. 그런데 그들이 살고 있던 지역에는 막강한 실력을 행사하는 초정강焦征羌이라는 지방 유지가 있었다. 보즐과 위정은 혹시라도 트집을 잡혀 장사를 못하게 될지도 모른다는 두려움에 가장 좋은 오이를 골라서 그를 찾아갔다.

보즐과 위정이 초정강의 집에 도착했을 때 마침 그는 낮잠을 자고 있었다. 한 시간을 기다려도 초정강이 나오지 않자 화가 난 위정이 자리를 박차고 돌아가려고 했다. 그러자 보즐이 그를 만류하며 말했다. "우리가 오늘 이곳을 찾아온 것은 저 자가 횡포를 부릴까봐 두려워서 일세. 한데 이대로 돌아간다면 물론 기분이야 통쾌하겠지만 대신 저 자에게 온갖 괴롭힘을 당하게 될 걸세."

초정강은 한참이 지나서야 나오더니 술자리를 마련하여 그들을 불러들였다. 그런데 자신은 온갖 산해진미가 가득 차려진 탁자 앞에 앉더니 보즐과 위정에게는 대청 밖 바닥에 깔아놓은 돗자리를 가리키는 것이었다. 그곳에는 밥과 나물이 놓인 볼품없는 밥상 하나가 덩그마니 놓여 있었다. 위정은 수치심을 이기지 못해 밥에 손도 대지 않았지만 보즐은 태연하게 밥 한 그릇을 맛있게 비워내고서야 자리를 물러났다.

밖으로 나온 뒤 위정이 분통을 참지 못해 씩씩거리며 말했다. "자네는 어찌 이런 수치를 참을 수 있단 말인가?" 그러자 보즐이 말했다. "우린 지금 가난뱅이일세. 가난뱅이를 가난뱅이 방식으로 대한 것뿐이고 이는 그 사람의 잘못도 우리의 잘못도 아닌데 수치심을 느낄 필요가 뭐가 있겠나?"

훗날 보즐은 벼슬길에 올라 오나라의 재상이 되었다. 이는 남의 부귀를 시기하거나 탐하지 않고 언제 어디서나 변함없는 평상심을 지니고 있었기에 가능했을 것이다.

어리석음은
아무도 따르지 않는다

愚不可及(우불가급)

공자께서 말씀하시기를 "영무자는 나라에 도가 있으면 지혜롭게 처신하고 나라에 도가 없으면 어리석게 행동했다. 그 지혜는 따를 수 있어도 그 어리석음은 아무도 따를 수 없다."라고 하였다.

영무자寧武子는 춘추시대 위衛나라의 유명한 대부로서 위 문공文公과 성공成公 두 임금을 모셨다. 문공 이전의 위 의공懿公은 국가 대사는 미룬 채 학에만 미쳐서 나라를 망하게 했다. 외출할 때마다 상대부가 앉는 마차에 학을 태우고 '학 장군'이라 부르며 왕을 호위토록 했으니 어느 정도였는지는 미뤄 짐작할 수 있을 것이다.

그 뒤를 이어 왕위에 오른 문공은 거친 무명옷에 보리밥으로 끼니를 때우며 나라를 재건하는 데 심혈을 기울였다. 덕분에 위나라의 경제는 빠른 속도로 회복되면서 발전하기 시작했다. 문공이 이처럼 나라를 재건하는 데는 충성을 다해 그를 보좌해준 영무자의 공헌이 컸다. 그러나 문공이 죽은 후 왕위를 계승한 성공은 여색과 가무에 빠진 채 국정을 돌보지 않았다. 정사가 어지러워지고 사회가 불안에 빠지자 백성들은 또다시 곤궁에 빠지고 말았다.

그러던 어느 날, 성공은 당시 제후국가의 패주로 군림하던 진晉 문공文公의 눈 밖에 나는 실수를 저지르고 말았다. 격노한 진 문공은 성공을 폐위시키고 성공의 아우 숙무叔武를 왕으로 내세웠다. 이에 숙무가 성공을 복위시켜 달라고 눈물로 애원하며 왕위를 고사하자 진 문공은 하는 수 없이 성공을 복위시켰다. 그러나 숙무가 타지에서 유랑하다 고국으로 돌아오는 성공을 맞이하러 나왔을 때 성공은 자객을 시켜 그를 죽이고 말았다. 그야말로 은혜를 원수로 갚은 것이었다.

영무자는 전과 다름없이 왕을 보좌하며 정사를 돌보았지만 예전과는 사뭇 다른 모습이었다. 날카롭고 매사에 철두철미하던 모습은 온데간데없이 사라지고 어리벙벙하고 굼뜬 바보로 변해 있었던 것이다. 그러나 영무자는 이렇듯 바보스러운 모습으로 가장한 뒤에도 눈에 보이지 않게 국가를 위해 수많은 공헌을 했고 훌륭한 계책으로 성공의 목숨을 구해주기도 했다.

　진秦 시황始皇 22년(기원전 225년) 진나라는 남쪽의 초나라를 정벌할 준비를 했다. 진나라의 장군 이신李信은 육십만 명의 군사만으로도 거뜬히 초나라를 정복할 수 있다고 호언장담했다. 그러나 노장군 왕전王翦은 최소한 육십만 대군은 필요하다고 주장했다. 진 시황은 왕전이 나이가 들어 겁이 많다며 그의 주장을 무시한 채 이신에게 군사 이십만 명을 이끌고 초나라를 정벌하도록 명령했다. 그 결과 진나라 군은 성부城父(지금의 안휘성安徽省 박현亳縣 동남쪽)에서 초나라 군과 대전투를 벌인 끝에 대패하고 말았다.

　이 소식을 전해들은 진 시황은 하는 수 없이 왕전에게 병사를 이끌고 초나라를 공격하라고 명령을 내렸다. 왕전이 출병하던 날 진 시황은 간단한 주연을 베풀어 그를 배웅했다. 이때 왕전은 진 시황에게 땅과 가옥을 상으로 하사해줄 것을 간청했다. 그러자 진 시황이 말했다. "마음 놓고 가시오. 아무렴 내가 장군의 가족들을 굶어죽도록 내버려 두겠소?" 그러자 왕전이 말했다. "대왕을 섬기는 장군이기는 하나 제 아무리 많은 공훈을 세워도 제후로 봉해질 수 없는 처지입니다. 그러기에 오늘처럼 대왕께서 소인을 위해 특별히 주연을 베풀어주실 때 땅 몇 마지기라도 간청을 올려서 자식 놈들이 연명할 수 있도록 해야 하지 않겠습니까?" 진 시황은 껄껄거리고 호탕하게 웃었다.

　왕전은 출병하고 나서도 다섯 차례에 걸쳐 작은 아들을 장안長

笑으로 보내 왕에게 상을 하사해 줄 것을 간청했다. 이러한 그의 행동을 이해하지 못한 부하 장수가 물었다. "장군, 그깟 땅과 가옥을 하사받는 것이 뭐 그리도 급한 일이라고 이리 채근을 하시는 겁니까?" 그러자 왕전이 고개를 가로저으며 말했다. "아닐세, 진 시황의 사람 됨됨이는 그 누구보다도 내가 잘 알고 있네. 대왕은 의심이 많은 분이네. 한데 지금 나라의 병권을 나 한 사람에게 일임했으니 얼마나 마음이 불안하겠나? 이럴 때일수록 내가 권력에는 욕심 없고 오로지 부귀영화에만 관심이 있는 것처럼 행세해야만 대왕께서 나에 대한 의심을 거둘 걸세."

왕전은 겉으로 보기에는 어수룩했지만 실제로는 앞을 내다볼 줄 아는 선견지명으로 지혜롭게 처세했던 것이다.

축타의 말재주와
미모는?

祝鮀之佞(축타지녕)

공자께서 말씀하시기를 "축타의 말재주는 없으면서 송나라 공자 조朝의 미모만 갖추고 있다면 세상을 무사히 살아가기 힘들다." 라고 하였다.

축祝은 종묘의 제사를 관장하는 벼슬 이름이고 타鮀는 위나라 대부로서 자는 자어子魚이다. 그는 말주변이 뛰어난 덕분에 위 령공에게 기용되었다.

어느 날 위 령공은 대신 미자하彌子瑕에게 호통을 치고 채찍을 후려치며 그 자리에서 내쫓아버렸다. 겁에 질린 미자하는 삼일 연속 조정에 등청하지 않았다. 그러자 위 령공이 불만이 가득 쌓인 표정으로 타에게 말했다. "혹시 미자하가 과인을 원망하고 반역을 꾀하는 게 아닌가?" 그러자 타가 대답했다. "절대로 그런 일은 없을 것입니다."

타의 단호한 말투에 위 령공이 호기심 어린 표정으로 물었다. "어찌 그리 단언할 수 있는가?" 이에 타가 말했다. "폐하께서는 개를 보지 못했습니까? 개는 사람이 주는 음식으로 간신히 끼니를 연명하지요. 주인이 화가 나서 채찍을 휘두르면 죽기 살기로 도망쳤다가 배가 고파지면 겁에 질린 채 다시 돌아오지 않습니까? 미자하는 대왕에게 먹잇감을 얻어먹고 사는 개와 같습니다. 단 하루라도 대왕의 보살핌을 받지 못하면 굶어죽는데 어찌 감히 대왕을 원망하겠습니까?" 그제야 위 령공은 고개를 끄덕이며 미자하에 대한 의심을 거둬들였다.

지혜가 꼬리를 무는 역사 이야기

초나라 왕은 전쟁을 좋아하여 걸핏하면 주변 국가와 전쟁을 일으켰다. 그로 말미암아 일년 내내 전쟁터의 매캐한 냄새가 온 나라를 뒤덮었으며 백성들은 궁핍한 생활로 고통을 받아야 했다. 이를 안타깝게 여기던 제나라의 현자 전찬田贊은 초나라 왕이 전쟁을 그만두도록 설득하기로 결심했다.

그는 낡고 해진 옷을 입고 초나라로 건너가 왕을 알현했다. 초나라 왕은 진즉부터 전찬의 명성을 익히 들어온 터라 그의 볼품없는 행색에 깜짝 놀라고 말았다. "어찌하여 몰골이 그 지경이 된 게요?" 그러나 전찬이 웃으며 말했다. "비록 해지고 낡은 옷을 입고 있지만 그나마도 다행입니다. 이보다 더한 옷도 있지요." 초나라 왕은 전찬의 말뜻이 의미심장하여 되물었다. "자세히 설명 좀 해보시오." "이 낡은 옷보다 더 끔찍한 옷은 바로 갑옷이지요." 초나라 왕이 호기심에 다시 물었다. "그 이유가 무엇이오?" "갑옷은 겨울에는 춥고 여름에는 푹푹 쪄서 죽을 맛입니다. 갑옷만큼 끔찍한 옷도 없지요. 저는 가난하기에 이 낡고 해진 옷을 입지만 대왕께서는 한 나라의 군주입니다. 이 세상 누구보다 부자이면서도 백성들에게는 끔찍한 갑옷을 입도록 강요하고 계시니 대왕께서 이성을 잃으신 게 아닙니까?" 순간 불쾌해진 초나라 왕은 꾸짖으며 말했다. "지금 나에게 유세하러 온 거요?" 그러자 전찬은 태연하게 대답했다. "유세하러 온 게 아니라 대왕이 걱정돼서 이렇게 찾아온 겁니다. 대왕께서 백성들에게 갑옷을 입혀 전쟁터로 보내 이웃 나라의 성을 함락하여 폐허로 만들고 수많은 무고한 백성들을 죽일수록 대왕의 명성만 땅에 떨어질 뿐입니다. 국가의 이익을 위해서라고 말씀하시겠지만 남에게 피해를 입힐수록 더 많은 사람들이 대왕을 해치려 들 것이고 남들을 위험에 빠뜨릴수록 더 많은 사람들이 대왕을 호시탐탐 노릴 것입니다. 이는 결국 스스로 불구덩이에 뛰어드는 꼴이 아니고 뭡니까? 왜 대왕께서는 스스로 자신의 명성을 더럽히면서까지 불구덩이 속으로 들어가시는 겁니까?" 초나라 왕은 한참동안 깊은 생각에 잠기더니 이렇게 말했다. "그대 말이 옳소. 내 잘못을 고치리다."

처음 시작하는 논어

2

시간은
흘러가니
재능을
헛되이 말라

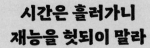

시간은 흘러가니
재능을 헛되이 말라

詩不我與(시불아여)

시간은 흘러가고 세월은 우리를 기다려주지 않는다.

───────────

　　노魯 소공昭公 32년(기원전 510년), 나라에서 쫓겨나 국외를 떠돌던 노 소공이 진晉나라에서 죽자 그의 동생이 왕위를 계승하였는데 바로 노 정공定公이었다. 당시 노나라의 정권은 계환자季桓子가 장악하고 있었는데 그의 가신인 중량회仲梁懷와 양호陽虎는 계환자를 떠받드는 척 하면서 그의 권력을 야금야금 갉아먹기 시작했다. 양호는 과감하고 용맹스러운 사람으로 대단한 야심가였다. 그가 노나라에서 정권을 잡고 있는 동안 약소국이었던 노나라는 점차 강성해지기 시작했다.

　　한번은 계환자가 고위급 인사들을 초대해 연회를 베풀 때였다. 공자는 기쁜 마음으로 연회에 참석하려고 했으나 양호가 대문 앞에서 가로 막으며 이렇게 말하는 것이었다. "계씨가 초대한 명사 가운데 당신은 포함되지 않소." 공자는 어쩔 수 없이 되돌아갈 수밖에 없었다. 당시 공자의 나이 열일곱 살이었다. 양호의 태도와 말에 공자가 얼마나 마음의 상처를 입었는지는 충분히 상상이 가고도 남음이 있다.

세월이 가면서 공자도 점차 성숙해졌고 사회적으로도 명성을 쌓게 되었다. 양호는 비록 권세는 갖고 있으나 사회적으로 명망이 높은 지식인들의 지지를 받지 않는다면 정권을 유지하기가 매우 어렵다는 사실을 잘 알고 있었다. 그리하여 그는 온갖 수단과 방법을 동원해 공자를 자신의 수하로 끌어들이려고 했다. 공자의 명성을 이용해 자신의 권세를 강화시키기 위해서였다.

어느 날 양호는 사람을 시켜 푹 삶은 암퇘지 한 마리를 공자에게 선물로 보냈다. 당시 노나라에는 신분이 높은 사람으로부터 선물을 받았을 때는 직접 찾아가서 답례 인사를 올리는 풍습이 있었다. 공자는 양호가 일부러 자신을 조정으로 끌어들이기 위해 꼼수를 썼다는 사실을 눈치채고 일부러 그가 출타하고 없는 틈을 타서 형식적으로나마 답례 인사를 치르기 위해 찾아갔다. 그런데 공교롭게도 돌아오는 길에 양호와 마주치고 말았다. 양호는 공자에게 "시간은 흘러가고 세월은 우리를 기다려주지 않으니 재능을 헛되이 하지 말고 조정에 나와 마음껏 발휘하라."고 설득했다. 그러나 공자는 겉으로는 고개를 끄덕이면서도 끝내 자신의 신념을 굽히지 않았다.

당唐나라 정관貞觀 4년(630년) 당 태종太宗은 병부상서 이정李靖에게 병사를 이끌고 돌궐을 공격하도록 명령했다. 이에 보철산保鐵山(지금의 몽고蒙古 음산陰山 지역)으로 후퇴한 돌궐의 힐리가한頡利可汗은 사신을 파견해서 당나라에 용서를 구하며 당에 귀순할 것을 청했다. 당 태종은 이정을 시켜 힐리가한을 영접하도록 명령하는 동시에 당검唐儉 등을 돌궐로 파견시켜 돌궐인들을 안정시키고 교화시키도록 했다.

이정은 부하 장수 장공근張公謹에게 말했다. "황제께서 파견한 사신이 이미 돌궐에 도착했네. 돌궐족들은 이미 마음을 푹 놓고 있을 걸세. 이때 우리가 기병들 일만 명과 이십 일분의 식량을 챙겨서 그곳을 급습한다면 대승을 거둘 수 있을 걸세." 그러자 장공근이 걱정스러운 듯 말했다. "황제께서 이미 돌궐족의 투항을 받아들이시기로 한데다 우리 사신들이 이미 그들 땅에 가 있습니다. 섣불리 공격했다가 사신 일행의 목숨이 위태로워지면 어떡합니까?" 이정은 단호한 어조로 말했다. "시간은 우리를 기다려주지 않네. 돌궐족들이 군사력을 재충전할 때까지 그대로 내버려 둔다면 우린 앞으로 영원히 승리를 거둘 기회가 없어지네. 한나라 때 한신韓信은 역식기酈食其를 희생시켜서 제나라를 격파했네. 하물며 당검을 희생한다손 치더라도 아쉬울 게 뭐가 있겠나?"

군사를 이끌고 음산에 도착한 이정은 그곳에서 맞닥뜨린 돌궐족의 정찰대 천여 명을 생포한 뒤 기습 공격을 단행했다. 당나라 군이 공격하리라곤 꿈에도 몰랐던 힐리가한은 기습 공격에 갈팡질팡하다 만여 명의 군사가 죽음을 당하고 십만여 명의 군사들과 함께 포로로 잡히고 말았다. 당나라는 이를 계기로 음산을 비롯한 몽고 지역의 광활한 땅을 개척하게 되었다.

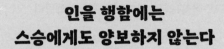

인을 행함에는
스승에게도 양보하지 않는다

當仁不讓(당인불양)

공자께서 말씀하시기를 "인仁을 행함에는 스승에게도 양보하지 않는다."
라고 하였다.

공자는 『시경詩經』의 문학적 가치와 교화 작용을 대단히 중시했
다. 그리하여 평생 동안 『시경』의 각종 필사본을 수집하러 다니느라
중원의 각 제후국들을 모조리 돌아다녔다. 자하子夏는 이름이 복상卜
商으로 공자의 제자들 가운데 문학적 자질이 가장 뛰어났다. 그리하여
공자는 그와 함께 『시경』을 수정하는 작업을 논의하곤 했다.

한번은 자하가 공자에게 물었다. "『시경』에 보면 '곱게 웃으니
보조개가 예쁘고 아름다운 눈에 눈동자가 반짝이니 흰 비단에 아름답
게 채색한 듯하여라'라는 구절이 나오는데 무슨 뜻입니까?" 이에 공

자가 말하기를 "그림을 그리는 일은 먼저 흰 비단을 마련한 뒤에 다시 색깔을 입혀 그림을 그리는 것이니라."라고 하였다. 그러자 자하가 다시 물었다. "인과 의를 세운 연후에 예禮가 따라야 함을 말씀하시는 겁니까?" 이에 공자가 크게 칭찬하며 말했다. "복상아, 이젠 너와 함께 『시경』을 논할 만하겠구나."

자하는 중복된 악장을 삭제하거나 음악을 추가하여 정리하는 등의 원칙적인 문제에서는 공자와 견해가 일치했다. 그러나 악곡을 선정하는 데서는 상당한 이견이 있었다. 그러나 자하는 공자의 체면을 살리느라 자신의 의견을 말하지 않았다. 물론 공자는 제자들에게 '스승이라고 모든 논의의 대상에서 제외하지 말라'고 당부했다. 특히나 '인仁'을 행함에는 스승에게 절대로 양보하지 말라'고 누누이 강조했다. 그러나 자하는 모든 일에서 섣불리 이의를 제기하지 않았다. 대신 심사숙고를 거쳐 의문이 해소되지 않는 부분에서만 공자에게 질문하곤 했다. 공자는 자하의 깊은 사고력과 심도 있는 문제점 제기에 매우 만족했지만 그럴수록 자하의 언행은 더욱 신중해졌다.

───── **지혜가 꼬리를 무는 역사 이야기** ─────

주周 양왕襄王 13년(기원전 639년), 송宋나라·제齊나라·초楚나라 삼국의 제후들이 한자리에 모여 회의를 열기로 약속했다. 약속한 날이 되자 진陳나라·채蔡나라·허許나라·조曹나라의 군주들도 모두 참석했다. 송 양공이 먼저 말문을 열었다. "여러 제후들께서 모두들 참석하셨구려. 오늘 이렇듯 한자리에 모인 이유는 제 환공이 했던 것처럼 동맹 협약을 맺기 위해서요. 우리 모두 힘을 합해 주 왕실을 섬기면서 서로 간의 전쟁은 그만두고 천하를 태평하게 다스리도록 합시다. 여러 제후들의 생각은 어떻소?" 그러자 초 성왕成王이 말했다. "좋은 말씀이시오. 한데 맹주는 어떻게 결정한단 말이오?" 이에 송 양공이 대답했다. "그건 간단하오. 공훈을 많이 세운 사람일수록 작위가 높으니 우리 가운데 작위가 가장 높은 사람을 맹주로 뽑도록 합시다." 그의 말이 끝나기가 무섭게 초 성왕이 말했다. "초나라는 일찍이 왕이라는 호칭을 사용했소. 송나라는 비록 공작으로 그 작위가 높으나 왕보다는 한 등급이 낮으니 맹주 자리는 당연히 내 차지." 초 성왕이 당연하다는 듯 맹주 자리를 차지하려고 하자 처음부터 맹주 자리를 노리고 있던 송 양공이 재빨리 반박하며 말했다. "나의 공작 작위는 주나라 천자께서 내려주신 것으로 천하의 만백성이 인정한 지위요. 허나 그대의 왕위는 스스로 자칭하는 것에 불과한 것을 어찌 맹주가 될 자격이 있단 말이오?" 화가 난 초 성왕이 버럭 화를 내며 말했다. "나의 왕위가 가짜라면 뭣하러 나를 이 자리에 초대한 게요?" 송 양공이 뭐라고 반박을 하려는 찰나에 초 성왕을 보좌하던 초나라 장수가 갑자기 겉옷을 벗어던졌다. 겉옷 속에 감춰진 갑옷을 드러낸 장수가 돌연 손에 쥐고 있던 깃발을 흔들자 초 성왕을 수행하던 시종들이 약속이나 한 듯 겉옷을 벗어던졌다.

그들 모두 갑옷 차림에 손에는 무기를 들고 있었다. 그들이 달려들자 혼비백산해진 제후들은 모두 도망치고 말았다. 그 가운데 송 양공은 초나라 장수에게 포로로 잡혀가고 말았다.

'인仁을 행함에는 스승에게도 양보하지 않는다'라는 말은 시간이 흐름에 따라 '자신에게 이익이 되면 어떤 일도 서슴지 않는다'는 의미로 바뀌어졌다. 초 성왕은 강대한 국력에 힘입어 자신에게 이익이 되는 일 앞에서는 온갖 수단과 방법을 가리지 않았기에 맹주의 자리를 거머쥘 수 있었다.

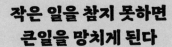

작은 일을 참지 못하면
큰일을 망치게 된다

小不忍則亂大謀(소불인즉란대모)

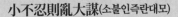

공자께서 말씀하시기를 "꾸미는 말은 덕을 어지럽히고 작은 일을 참지
못하면 큰일을 망치게 된다."라고 하였다.

―――――――――――

'작은 일을 참지 못하면 큰일을 망치게 된다'는 공자의 말은 사
소한 일에는 관대하게 참고 넘어가며 일의 경중에 따라 적절하게 처
리해야만 큰일을 도모할 수 있다는 뜻이다.

전해 오는 이야기에 따르면 공자는 제자들을 이끌고 노자老子를
찾아가 가르침을 부탁한 적이 있다고 한다. 공자는 마침 눈을 감고 정
신 수양 중에 있던 노자를 향해 예를 갖춰 인사를 올린 후 한쪽에 서
서 기다렸다. 잠시 후 노자가 인기척을 듣고 눈을 뜨자 공자는 재빨리
인사를 올리며 말했다. "소인 공구가 특별히 가르침을 받기 위해 찾

아왔습니다." 그러나 노자는 한참동안을 말 한 마디 없이 빤히 공자의 얼굴만 쳐다봤다. 그러더니 대뜸 입을 쩍 벌리고는 공자를 향해 혀를 쭉 내밀며 공자에게 보여주는 것이었다. 그리고는 다시 눈을 감고 정신 수양에 들어가 버렸다. 공자는 서둘러 감사의 인사를 올리고는 제자들을 이끌고 노자의 집을 나섰다. 도통 영문을 알 수 없었던 제자들이 노자의 무례함을 탓하며 투덜거리자 공자가 이렇게 설명했다. "노자께서는 이미 우리에게 가르침을 주셨지 않느냐? 노자께서는 이빨은 강하고 단단하지만 쉽게 부러지는 반면에 혀는 연약한 듯싶으면서도 대단히 강하다고 말해주었느니라. 예컨대 이빨은 자칫 모조리 빠질 수 있지만 혀는 멀쩡하니 그대로이지 않더냐? 노자는 강과 약의 변증관계를 우리에게 설명해 주신 거다." 제자들은 공자의 설명을 듣고 나서야 머리를 치며 고개를 끄덕였다.

공자는 혀와 이빨에서 강과 약의 상호 보완관계를 깨달았고 더나아가서는 '작은 일을 참지 못하면 큰일을 망치게 된다'는 주장을 직접 실천으로 옮겼다. 공자는 평생 동안 각 제후국들을 돌아다니면서 자신의 학설과 정치적 이념을 설파하였다. 때로는 모진 비바람에 맞서고 굶주림에도 허덕였을 뿐만 아니라 사회 각계각층의 사람들로부터 조롱과 비난을 받았으며 심지어는 욕설과 뭇매를 맞았다. 그럼에도 불구하고 공자는 민족과 자신의 신념을 위해 온갖 수모와 비난에 맞서 마침내는 중국 이천여 년의 문명의 등불을 밝히는 유가의 성인으로 우뚝 섰다.

243년, 서촉西蜀의 재상 제갈량諸葛亮은 십만 대군을 이끌고 최후의 전쟁에 나섰다. 위魏나라 명제明帝는 사마의司馬懿에게 군사를 이끌고 위수渭水 건너편에 진영을 세우도록 명령했다. 제갈량은 속전속결로 전쟁을 끝내고자 했으나 사마의는 결전을 치를 시기가 아니라고 판단했다. 그리하여 제갈량이 군사를 일으켜 세 번이나 공격을 해왔으나 세 번 다 싸움에 응하지 않고 진영만을 지켰다. 그리하여 양쪽 군사들은 백 일 동안의 대치 상태에 돌입했다. 이에 초조해진 제갈량은 전령을 시켜 사마의에게 여인의 옷과 연지, 장식품 등을 보냈다. 사마의를 여자보다 더 겁이 많은 겁쟁이라는 수치심을 줘서 전쟁에 응하도록 자극하기 위해서였다. 그러나 뜻밖에도 사마의는 아무렇지도 않은 척 오히려 전령에게 후한 대접을 해주며 앞으로도 계속해서 싸움에 응하지 않겠다는 의사를 전달했다.

사마의의 부하 장수들은 모욕을 참을 수 없다며 죽음을 불사한 결전을 주장하며 아우성쳤다. 그러나 '작은 일을 참지 못하면 큰일을 망친다'는 이치를 사마의는 잘 알고 있었기에 잠시나마 부하 장수들을 달래려고 이렇게 말했다. "좋네, 내가 황상께 상주문을 올려서 촉나라 군사와 결전을 치를 수 있도록 허락을 얻겠네." 사마의는 보란 듯이 조정에 상주문을 올렸으나 조정에서는 사마의의 예측대로 출전을 허락하지 않았다.

오랫동안 두 군영의 대치 상태가 지속되면서 제갈량은 피로 누적으로 쓰러져 끝내는 군영에서 죽고 말았다. 촉나라 군은 하는 수 없이 철수하게 되었고 사마의는 전투 한 번 치르지 않고 개선가를 울리며 돌아올 수 있었다.

닭을 잡는 데
어찌 소 잡는 칼을 쓰는가

殺雞焉用牛刀(살계언용우도)

공자가 무성武城에 도착했을 때 거문고 소리와 노랫소리가 들려왔다. 공자는 미소를 지으며 말했다. "닭을 잡는데 어찌 소를 잡는 칼을 쓰는게냐?" 이에 자유子游가 대답했다. "저는 지난날 스승님으로부터 '군자가 도를 알면 사람들을 사랑하게 되고 소인이 도를 알면 부리기 쉽게 된다'는 가르침을 들었습니다." 그러자 공자가 말했다. "여러 제자들이여, 자유의 말이 옳다. 아까 내가 한 말은 농담이었다."

────────────────

노나라에는 무성이라는 작은 현이 있었는데 지금의 산동성山東省 비현費縣 부근이다. 당시 무성의 현령은 자유였는데 성은 언言이고 이름은 언偃으로 오나라 출신이었다. 공자의 제자였던 그는 예와 악으로 백성들을 교화시키는 데 치중했다. 그 방법만이 무지한 백성을 다스리는 데 가장 적절하고 효과적이라고 여겼기 때문이었다. 그래서 그가 다스리던 무성 곳곳에서는 거문고 소리와 노랫소리가 끊이지 않았다.

어느 날 무성을 찾아온 공자는 성 안 곳곳에서 거문고와 노랫소리에 더불어 글 읽는 소리가 울려 퍼지는 것을 발견했다. 공자는 제자인 자유가 이곳에서 서당을 만들어 널리 교육을 퍼뜨리고 있다는 사실을 깨닫고 미소 지으며 말했다. "닭을 잡는데 어찌 소를 잡는 칼을 쓰는 게냐? 이처럼 손바닥만 한 현에서 교육을 널리 퍼뜨릴 필요가 있느냐?"

공자는 당시 학교라고는 찾아볼 수 없던 작은 현에서 굳이 교육을 강화해봤자 아무런 필요가 없다고 여겼던 것이다. 이에 자유가 반박하며 말했다. "저는 전에 스승님으로부터 관리가 교육을 받으면 백성을 사랑하는 마음이 생겨 서로 간에 존경하고 아끼게 되고 일반 백성이 교육을 받게 되면 국가의 정책에 순종하게 되어 다스리기 쉬워진다는 가르침을 받았습니다." 그 말을 듣고 난 공자는 자신을 수행하던 제자들을 돌아보며 말했다. "자유의 말이 옳다. 아까 내가 한 말은 농담이었다."

자유의 다스림 아래 무성은 태평성대를 구가하면서 백성들은 서로 화목하게 지낼 수 있었다.

동한東漢 말년, 대장군 하진何進이 당시 정권을 장악하고 있던 환관들과 권력 다툼을 벌이고 있을 때였다. 원소袁紹가 하진에게 동탁董卓 장군을 시켜 이십만 명의 군사를 이끌고 낙양으로 보내 환관들을 내치라고 제안했다. 이에 조조가 강력하게 반대하며 말했다. "그까짓 환관들을 내치는 데는 옥리들만으로도 충분하거늘 닭을 잡는데 어찌 소를 잡는 칼을 쓴단 말이오? 게다가 환관들이 조정을 장악하고 있다는 사실을 동탁이 알게 되면 그 다음엔 어떤 일이 벌어질지 장담할 수 없소." 그러나 하진은 조조의 주장을 받아들이지 않았다. 그는 환관들을 없애기 위해 동탁의 군사 이십만 명을 낙양으로 입성시켰던 것이다. 이에 조조가 탄식하며 말했다. "천하를 요동시켜 혼란에 빠뜨린 이는 바로 하진이로다."

과연 조조의 예측대로였다. 궁중의 환관들은 더 이상 도망칠 길이 없다고 판단되자 동탁의 군사가 낙양성에 닿기 전에 계략을 세워 하진을 궁 안으로 들어오게 하여 살해하고 말았다. 한편 동탁은 낙양에 입성하자마자 정권을 장악하고 황제를 폐위시켜버렸다. 그로 말미암아 천하가 혼란에 빠지게 되었고 결국 동한은 멸망했다. 만일 하진이 '닭을 잡는데 어찌 소를 잡는 칼을 쓰겠는가?'라고 말한 조조의 말뜻을 이해했더라면 아마도 그와 같은 재앙은 피할 수 있었을 것이다.

온 세상 사람들이
다 형제다

四海之內皆兄弟(사해지내개형제)

사마우司馬牛가 근심스러운 표정으로 "남들은 다 형제가 있는 데 나만 홀로 없소."라고 말했다. 그러자 자하가 이렇게 말했다. "내가 듣기에 사람의 생사는 운명에 달렸고 부귀는 하늘에 달렸다고 하네. 군자가 신중하여 실수가 없으며 남에게 공손하여 예를 지키면 온 세상 사람들이 다 형제이거늘 군자가 어찌 형제 없음을 걱정하는가?"

사마우는 남들은 다 형제가 있는데 오로지 자신만 형제가 없다고 한탄했지만 실제는 그렇지 않았다.

사마우의 형은 송나라 대부 환퇴桓魋였다. 그는 군권을 장악하고 조정을 쥐락펴락했는데 사람 됨됨이가 워낙 교만하고 포악하여 송나라 왕마저 꼼짝 못할 정도였다. 게다가 천성적으로 사치스러워서 살아있는 동안에도 온갖 사치와 향락을 일삼았다. 뿐만 아니라 죽은 뒤에도 호사를 누리고 싶어서 서남산西南山(지금의 낙타산駱駝山)에서 커다란 대리석을 운반해 와 이백 명의 석공을 시켜 밤낮으로 거대한 석관을 만들게 했다. 그리고 석관에 온갖 새와 동물의 문양, 아름다운 꽃을 새겨 넣도록 했는데 삼 년이 지나도 완공을 하지 못했다.

이 소식을 전해 들은 공자는 격분하며 종종 불의不義의 대표적 사례로 삼았으며 "그토록 사치스러운 자는 죽어서 빨리 흙으로 돌아가 사라지는 것이 낫다."라고 거침없는 비판을 쏟아냈다. 이 말을 전해들은 환퇴는 "좋아, 나더러 빨리 썩어 죽으라 했다 이거지? 공자 네놈! 내 손에 잡히기만 해라, 뼈도 못 추릴 것이다."라고 이빨을 부득부득 갈며 길길이 날뛰었다.

훗날 환퇴는 세력을 잃고 전 가족이 추방되었다. 사마우는 이러한 형의 존재를 부정했는데 이는 유가에서 중시하는 형제간의 우정에 위배되는 행위였다. 그리하여 자하는 사마우를 위안하며 자신의 행동이 '예禮'에 어긋나지 않는다면 온 세상 사람들로부터 칭송을 받게 될 테니 형제가 없음을 한탄할 필요가 없다고 일러주었던 것이다.

──────── **지혜가 꼬리를 무는 역사 이야기** ────────

당 개원천보開元天寶(당나라 현종玄宗의 치세 기간으로 713년부터 756년까지 43년간을 가리킴) 때 동정란董庭蘭이라는 유명한 악사가 있었다. 동정란은 일찍이 당시 유행이던 심가성沈家聲파와 축가성祝家聲파의 악곡을 배우면서 직접 『호가胡笳』라는 악보를 만들기도 했다. 훗날 이들 양대 파보다 더 유명해진 동정란은 수많은 시인들과 교분을 나누었다.

당시 시인들은 동정란의 신출귀몰한 연주 솜씨를 시로 묘사하기도 했는데 그 가운데 가장 유명한 작품이 이기李頎의 「청동대탄호가성聽董大彈胡笳聲」이다. 시인은 시를 통해 동정란의 칠현금(거문고의 일종)을 뜯는 솜씨를 아주 자세하고 생동감 넘치게 묘사하고 있다. 당시 당나라에서 칠현금과 같은 고대 악기를 연주하는 사람은 극히 드물었는데 동정란은 그 중 하나였다. 동정란은 평생을 가난하게 살았으며 예순 살이 될 때까지 그의 고향 작은 시골 마을을 떠난 적이 없었다. 고적高適은 동정란의 외롭고 고단한 삶을 위안하며 시에서 이렇게 읊었다.

莫愁前路無知己　　갈 길에 친구 없다 걱정하지 말게나
막 수 전 노 무 지 기

天下誰人不識君　　이 세상 그 누가 그대를 모를 건가.
천 하 수 인 불 식 군

온 세상 사람들이 형제와 같은 마음으로 작별의 정을 읊은 이 시 구절은 후세에 길이 남겨졌다.

함부로 지껄이거나
웃지 않는다

不苟言笑(불구언소)

공자께서 공명가公明賈에게 공숙문자公叔文子에 대해 물으시기를 "그분은 말하지도 않고 웃지도 아니하며 재물을 취하지도 않는다고 하던데 정말인가?"라고 하였다. 이에 공명가가 대답하기를 "그렇게 말을 고한 사람의 잘못입니다. 그는 말을 해야 할 때만 말을 하기 때문에 사람들이 그 말을 싫어하지 않고 즐거울 때 웃기 때문에 사람들이 그 웃는 것을 싫어하지 아니하며 예의에 맞는 재물일 때에만 취하기 때문에 사람들이 그 취함을 싫어하지 아니하였습니다."라고 하였다.

공숙문은 춘추시대 위나라 대부로서 위 헌공獻公의 손자이다. 이름은 발撥이고 시호가 '문文'이라서 공숙문자라고 불리었다. 그는 가신을 자신과 동급의 관직에 추천하여 공자로부터 칭송을 받기도 했는데

공명가는 그보다 더 높은 평가를 내렸다.

위 령공 31년(기원전 504년) 2월, 노 정공定公은 군사를 일으켜 정鄭나라를 습격하여 광匡 땅을 빼앗았다. 처음 출격할 때는 위나라를 피해 지나가더니 개선가를 울리며 돌아올 때는 상황이 달랐다. 노나라의 양호陽虎는 계환자季桓子와 맹헌자孟獻子를 시켜 군사를 이끌고 위나라 도성의 남문을 통해 들어가 동문으로 나오도록 했다. 위 령공은 자신에게 양해조차 구하지 않고 도성을 버젓이 가로질러 간 노나라의 행태에 격분하여 즉시 군사를 동원해 뒤쫓게 했다.

이때 이미 퇴직하여 정계를 떠나 있던 공숙문자는 수레를 타고 급히 왕궁으로 위 령왕을 찾아가 말했다. "누군가를 싫어하면서도 그 사람이 하는 짓을 그대로 본떠서 하는 것은 예禮에 들어맞지 않습니다. 예전에 노 소공이 위험에 처했을 때 군왕께서는 아끼던 보물들을 내놓고서 노 소공을 무사히 귀국하도록 도와주는 자들에게 사례하겠다고 하셨습니다. 한데 이제 와서 사소한 원한 때문에 과거의 화목함을 깨뜨리려고 하시다니 가당키나 합니까? 소인배의 행위를 그대로 흉내 내어 화목을 깨뜨리는 것은 오히려 그 소인배에게 속은 것과 매한가지입니다. 양호는 얼마 안가서 죗값으로 하늘로부터 천벌을 받아 멸망하게 될 것이니 군왕께서는 잠시 참고 기다리시지요!"

위 령공은 공숙문자의 말에 따르기로 했다. 과연 훗날 양호는 반란을 일으켰다가 실패하고 노나라에서 쫓겨나고 말았다.

송나라 가우嘉祐 원년(1056년) 12월 포증包拯은 경성 개봉부開封府의 지부知府로 임명되었다. 포증은 부임하자마자 개혁을 단행하여 개봉부 관아 내에서 암암리에 성행하던 나쁜 관행을 없앴다.

사실 관아에는 오래전부터 백성들이 억울한 일을 고소하려면 곧장 관아로 들어오지 못하고 먼저 고소장을 접수하는 관행이 있었다. 이를 '패사牌司'라고 불렀는데 패사를 접수한 뒤에는 지부가 재판을 열지 안 열지 결정할 때까지 기다려야 했다. 그런데 문제는 관아의 문지기들이 고소를 하려고 찾아온 백성들을 상대로 협박과 갈취를 일삼았던 것이다. 그래서 백성들이 제아무리 억울한 일을 당해도 돈이 없으면 고소장을 접수할 수 없도록 만들었다.

이러한 폐단을 파악한 포증은 즉시 명령을 내려 '패사'를 폐지하고 억울한 일을 당한 백성들은 누구든지 상관없이 곧장 관아 안으로 들어와 고소장을 접수하도록 했다.

오래전부터 대쪽 같은 성품에 청렴결백하기로 유명한 포증의 명성을 익히 들어왔던 백성들은 그가 개봉부의 지부가 되자 너도나도 만세를 부르며 기뻐했다. 백성들은 너도나도 관아로 몰려와 포증이 자신들의 억울함을 공정하게 처리해주기를 바랐다. 공명정대한 포증의 판결 덕분에 백성들 사이에서는 '염라대왕 포청천 앞에서는 청탁이 통하지 않는다'는 우스갯소리가 회자 될 정도였다.

포증은 준엄하고 강인한 사람으로 이득이나 재물을 위해 권력 앞에 무릎 꿇는 일이 없었다. 언제나 매섭고 엄숙한 표정을 지으며 위엄을 잃지 않았는데 주희朱熹는 그를 이렇게 평가했다. "포증은 성격이 준엄하고 날카로우며 함부로 지껄이거나 웃지 않았기에 백성들이 포증의 웃음을 보기란 탁한 황하 강이 맑게 변하는 것을 보는 것보다 더 어려웠다."

남이 듣기 좋은 말만 꾸며대고
얼굴빛을 보기 좋게 꾸민다

巧言令色(교언영색)

공자께서 말씀하시기를 "좌구명左丘明은 남이 듣기 좋은 말만 꾸며대고 얼굴빛을 보기 좋게 꾸미며 지나치게 공손한 척하는 사람을 부끄럽게 여겼는데 나도 그렇다. 또한 마음속의 원한을 숨기고 그 사람과 친한 척 친구로 사귀는 것을 좌구명은 부끄럽게 여겼는데 나도 부끄럽게 여기느니라."라고 하였다.

좌구명은 노나라 사관으로 성품이 강직하여 역사를 기술하는 데도 항상 신중하고 엄숙했다. 특히나 남이 듣기 좋은 말만 꾸며대고 얼굴빛을 보기 좋게 꾸미는 일을 수치스럽게 여겼다.

좌구명은 국사를 편찬할 때 방대한 분량의 사료를 수집하여 자세한 고찰을 통해 분류한 뒤 뛰어난 문장 실력으로 역사를 생동감 넘치게 기술하였다. 그러나 밤낮을 가리지 않는 과도한 업무로 눈병에 걸리더니 쉰여덟의 나이에 끝내 두 눈의 시력을 상실하고 말았다. 그리하여 세상 사람들은 그를 '맹사盲史'라고 일컬었다.

좌구명은 실명한 뒤 자신의 아들에게 사관직을 물려주고 자신은 방대한 분량의 사료와 집필 중이던 원고를 갖고 낙향했다. 그리고 무려 30여 년의 세월을 거친 뒤 마침내 『춘추좌씨전春秋左氏傳』을 완성했다. 그는 이 책에 노나라 이백여 년의 역사와 문화, 과학기술, 군사와 관련된 사료를 담았는데 이때 그의 나이 아흔이었다. 공자는 좌구명의 집념에 존경을 표시하며 위의 명언을 이야기했다.

―――――――― **지혜가 꼬리를 무는 역사 이야기** ――――――――

당 개원開元 24년(736년) 10월, 당 현종玄宗이 동쪽의 뤄양洛陽으로 순시를 나왔을 때였다. 순시를 다 끝낸 현종은 도읍지인 장안長安으로 돌아가려고 대신들을 불러 그 일을 논의하고자 했다. 그런데 배요경裴耀卿과 장구령張九齡 두 재상이 가을 추수가 한창인 농번기라는 이유를 내세워 반대하고 나섰다.

이유인즉슨, 황제의 어가가 통과하게 되면 백성들이 잠시 일손을 멈추고 황제 일행을 맞이할 준비를 해야 하기 때문에 농사일에 상당한 지장을 줄 수 있었던 것이다. 그들은 잠시 날짜를 늦춰 겨울에 돌아가도 늦지 않다고 제안했다. 현종은 재상들의 반대 이유가 사리에 맞기에 뭐라 말은 못했지만 내심 불쾌한 건 어쩔 수 없었다.

이때 현종의 불쾌한 기색을 단번에 눈치 챈 사람이 있었는데 이제 막 재상직에 오른 이임보李林甫였다. 대신들이 있는 자리에서는 조용히 있었던 이임보는 모두들 퇴청할 시간이 되자 다리가 아픈 시늉을 내며 홀로 뒤에 남았다. 이를 이상하게 여긴 현종이 물었다. "경이 다리를 다쳤다는 말을 듣지 못했는데 왜 뒤뚱뒤뚱 잘 걷지를 못하는 게요?" 그러자 이임보가 재빨리 다가와 아뢰었다. "폐하, 낙양과 장안은 둘 다 우리 당나라의 수도로서 폐하의 궁궐들입니다. 폐하께서 동쪽 궁궐에서 서쪽 궁궐로 오가는 데 무슨 시기가 적절하네 마네 하는 말들이 필요하겠습니까? 방금 두 재상들은 농사일을 핑계 댔지만 실상은 아주 간단합니다. 폐하께서 특별히 은덕을 베풀어 어가가 지나가는 길목의 백성들에게 세금을 면제해주면 그만이지 않습니까? 그러니 폐하께서는 망설이지 마시고 장안으로 돌아가시지요." 이임보의 말에 얼굴색이 환해진 현종은 즉시 명령을 내려 장안으로 돌아갈 채비를 서둘렀다.

이임보는 이렇듯 참으로 절묘한 아부 덕택에 정권을 장악하게 되었다. 그러나 역사상 '남이 듣기 좋은 말만 꾸며대고 얼굴빛을 보기 좋게 꾸미며 교활하고 음흉한 사람'이라는 오명을 남기고 말았다.

대군의 장수는 빼앗을 수 있어도 필부의 뜻은 꺾을 수 없다

三軍可奪帥 匹夫不可奪志(삼군가탈수 필부불가탈지)

공자께서 말씀하시기를 "대군의 장수를 빼앗을 수는 있어도 한 사나이의 뜻은 꺾을 수 없다."라고 하였다.

공자는 세 살 때 아버지를 여의면서 가난한 유년 시절을 보냈다. 그는 한때 '위리委吏'와 '승전乘田(목축을 관리하는 하급 관리)'을 역임했지만 중년이 되면서부터는 학생들을 모아 강습을 했다. 쉰네 살이 되던 해부터는 제자들을 이끌고 여러 제후국들을 돌아다니면서 자신의 학설과 정치적 주장을 설파했지만 어느 누구에게도 기용되지 못했다. 공자는 십사 년 동안 제후국들을 전전하다 노나라로 돌아와서는 교육과 저술 활동에 전념했다. 그리고 일흔세 살이 되던 해에 죽었는데 노나라 도성 북쪽 공림孔林에 묻혔다. 공자는 일생 동안 자손에게 남겨줄

재산조차도 모으지 못했다. 초가집 서너 채가 유일한 재산이었고 그의 아들은 일찍이 병에 걸려 죽고 말았다.

벼슬길이 순탄치 못했지만 공자는 이에 연연하지 않았다. 당시의 혼란하고 어지러운 세상을 바꾸고 인과 덕을 펼치는 이상 사회를 건설하기 위해 평생 동안 제후국들을 돌아다니며 자신의 학설을 전파했다. 공자가 죽은 뒤에도 그의 제자들은 계속해서 공자의 학설을 전파했고 이로써 유교는 한때 중국의 국교가 되기도 했다.

후세사람들은 공자묘를 세우고 공자를 성인, 성현으로 섬겼으니 이는 아마도 공자의 고귀한 삶의 가치에 대한 증명일 것이다. 동시에 이른바 "대군의 장수를 빼앗을 수는 있어도 한 사나이의 뜻은 꺾을 수 없다."라고 말할 만큼의 고귀한 집념에 대한 숭배일 것이다.

─────── 지혜가 꼬리를 무는 역사 이야기 ───────

기원전 548년, 제나라의 권신 최저崔杼가 제 장공莊公을 살해했다. 그러나 왕을 시해했다는 오명을 후세에 남기고 싶지 않았던 최저는 태사太史(역사를 기록하던 사관) 백伯이 '최저가 장공을 시해하다'라고 기록하자 그의 목을 베어버렸다.

태사 백이 죽자 그의 둘째 동생이 태사직을 이어받았다. 그런데 그 역시 형과 마찬가지로 '최저가 장공을 시해하다'라고 기록을 남겼다. 이에 화가 치민 최저는 태사 백의 둘째 동생마저 목을 베어버렸다. 그러나 최저를 더욱 분통 터지게 만든 일은 둘째 동생을 대신하여 태사직을 맡은 태사 백의 셋째 동생 역시 똑같은 기록을 남기는 것이었다.

이들 형제들의 고지식함을 이해할 수 없었던 최저가 태사 백의 셋째 동생에게 말했다. "너의 형들이 다 죽었는데도 너는 죽음이 두렵지 않느냐? 내가 시키는 대로 쓰면 살려주겠다."

이에 셋째 동생이 말했다. "역사적 사실을 있는 그대로 쓰는 것이 역사의 기록을 맡은 자의 직분입니다. 자기 직분을 잃고 사느니 차라리 죽는 게 낫습니다."

최저가 망설이는 사이 지방에 있던 다른 사관 남사씨南史氏가 괴나리봇짐을 챙겨서 역사를 새겨 넣을 죽간과 조각칼을 들고서 찾아왔다. 또다시 최저에게 죽임을 당할 태사 백의 셋째 동생을 대신해서 올바른 역사를 기록하고자 허겁지겁 달려왔던 것이다. 그제야 사관의 엄중한 의미를 깨달은 최저는 더 이상 무고한 생명을 살해할 수 없게 되었다.

이처럼 '최저가 장공을 시해하다'라는 역사적 사실은 여러 사관의 피를 묻힌 끝에 역사책에 기록될 수 있었다. 이른바 대군의 장수를 빼앗을 수는 있어도 결코 꺾을 수 없었던 사관들의 강직한 품성 때문에 가능할 수 있었던 일이다.

자기를 수양하며
공경스러운 태도를 지니다

修己以敬(수기이경)

자로가 군자에 대해 묻자 공자께서 말씀하시기를 **"자기를 수양하며 공경스러운 태도를 지니는 것이다."**라고 했다. 그러자 자로가 말했다. "그뿐입니까?" 이에 공자께서 또다시 말씀하시기를 **"자기를 수양하며 주위 사람을 평온하게 하는 것이다."**라고 했다. 자로가 또다시 말했다. "그뿐입니까?" 그러자 공자께서 또다시 말씀하시기를 **"자기를 수양하며 백성들을 평온하게 만드는 것이니 이는 요와 순임금도 해내지 못할까 근심하던 일이다."**라고 하였다.

―――――――――

공자는 대단히 예의를 중시하여 낙양에 있는 노자를 찾아가 예에 대해 묻기도 했다. 훗날 노나라에서 상국 대행직을 수행하는 동안에도 극진한 예를 갖춰 군왕을 섬겼다. 주공周公의 사당을 찾아갈 때는 사소한 일 한 가지도 여러 사람의 의견을 묻고 행했다. 한마디로 공자에게는 예가 하나의 자기 수양이었던 것이다.

한번은 공자가 노나라 군주와 함께 제사를 올릴 때였다. 군주가 덜 익은 고기를 제사상에 올리도록 그에게 건네주자 공자는 예의에 어긋난다고 여겨 곧장 자리를 박차고 나가버렸다. 그리고 이내 노나라를 떠나 다른 곳으로 옮겨갔다.

평소 공자의 표정은 항상 부드럽고 밝았으며 태도는 온화하면서도 근엄함을 잃지 않았다. 또한 제아무리 사소하고 하찮은 일에도 그냥 지나치는 법이 없었다. 예컨대 자리 배치가 잘못된 좌석에는 절대로 앉지 않았고 삐뚤삐뚤 썰어진 고기는 절대로 입에 대지 않을 정도였다.

한번은 자로가 공자에게 군자란 어떤 사람을 일컫는지 물었다. 그러자 공자는 "자기를 수양하며 공경스러운 태도를 지니는 것이다."라고 대답했다. 공자가 얼마나 예의를 중시했는지 단적으로 설명해주는 대목이다.

지혜가 꼬리를 무는 역사 이야기

청淸대 말, 류명전劉銘傳은 조정의 명을 받들어 대만臺灣의 총독으로 파견되었다. 그는 대만의 지방행정조직을 체계화하고 교통·우편·통신망을 정비하고 최초의 철도를 부설하는 등 대만의 근대화에 크나큰 공헌을 했다.

류명전이 총독으로 파견되는 데는 다음과 같은 재미있는 일화가 전해오고 있다.

당시 이홍장李鴻章은 증국번曾國藩에게 대만으로 파견시킬 총독 후보로 류명전을 포함한 세 사람을 추천했다. 증국번은 세 사람의 자질과 인품을 확인하기 위해 자신의 관저로 불러들였다. 그러나 막상 이들을 불러들인 증국번은 오랜 시간이 지나도 모습을 드러내지 않고 그들을 오랫동안 대청에서 기다리도록 내버려뒀다. 그러고는 아무도 몰래 대청 한쪽 문틈 사이로 세 사람의 일거수일투족을 유심히 지켜보았다. 대청에서 기다리는 시간이 길어지면서 후보자 가운데 두 사람은 답답함과 무료함에 점차 짜증스러워하더니 이내 불평을 털어놓기 시작했다. 그러나 류명전은 평온한 태도로 느긋하게 앉아 대청에 걸린 족자의 글을 유심히 들여다보기만 했다. 한참 뒤 증국번은 세 사람을 따로 불러들여 대청에 걸린 족자의 내용을 질문했다. 물론 류명전 혼자만이 정확하게 대답했고 덕분에 그는 대만 총독으로 임명되었다.

증국번은 자기 수양을 대단히 중시했다. 개인 수양은 정사를 처리하는 능력과 인품과 직결되어 있다고 여겼기 때문이다. 즉 '자기를 수양하며 공경스러운 태도를 지니는 사람'이야말로 백성을 평안하게 다스릴 수 있다고 믿었던 것이다.

하늘에 죄를 지으면
어디에도 빌 곳이 없다

獲罪於天(획죄어천)

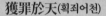

왕손가가 물었다. "안방 신에게 아첨하며 떠받들기보다는 부엌 신을 잘
섬기라고 합니다. 이 말뜻이 무엇인지요?" 그러자 공자께서 말씀하시기
를 "그렇지 않습니다. 하늘에 죄를 지으면 그 어디에도 빌 곳이 없습니다."
라고 하였다.

왕손가王孫賈는 춘추시대 위나라의 대부이다. 어느 날 왕손가는
공자에게 일부러 이렇게 물었다. "사람들이 흔히 말하기를 안방 신에
게 아첨하며 떠받들기보다는 부엌 신을 잘 섬기라고 합니다. 이게 무
슨 뜻입니까?"

여기서 안방이란 예로부터 집안의 어른들이 차지하던 공간으로
그 지위가 높음을 상징하고 있다. 하지만 정작 집안일에는 신경을 쓰

지 않기 때문에 그다지 실권은 없다고 할 수 있다. 반면에 부엌은 사람들의 생계를 책임지는 공간으로 실권이 존재하는 곳이다. 즉 여기서 말하는 안방 신은 조정에서 자리를 차지하고 있는 고관대작들이며 부엌 신은 실제로 백성들을 다스리는 지방 관리를 의미한다. 이는 당시 사람들 사이에 회자되던 속담으로 왕손가는 일부러 이 말을 인용하여 공자에게 나라를 다스리는 위치에 있는 자신을 섬기라고 넌지시 암시했던 것이다.

이에 공자 역시 똑같은 비유를 사용하여 이렇게 대꾸했다. "그렇지 않습니다. 하늘에 죄를 지으면 그 어디에도 빌 곳이 없습니다."

겉으로 보기에는 왕손가의 신을 섬기는 문제에 대한 대답인 듯 보이지만 실제로는 그렇지 않다. 즉 지방 관리는 백성의 생활을 직접적으로 관리하기는 하지만 조정의 고관대작들은 군주와 밀접한 관계를 맺고 있기에 그 지위가 더욱 존귀함을 암시했던 것이다.

지혜가 꼬리를 무는 역사 이야기

대략 기원전 1147년부터 기원전 1113년까지는 은殷나라 무을왕武乙王이 재위하던 시절이다.

무을왕은 은나라 왕 강정康丁의 아들로 왕위에 오르자마자 왕권을 강화하기 위해 밖으로는 주변 국가를 정벌하였으며 안으로는 통치력을 강화하는 일련의 정책을 펼쳤다. 당시 은나라 사람들은 미신을 신봉했는데 조정의 사관들 역시 점을 쳐서 제사를 올리며 왕권에 간섭했다. 오로지 무력을 통해서만이 천하를 다스릴 수 있다고 믿고 있던 무을왕은 이를 부당하게 여겨 한 가지 묘책을 강구했다. 사람을 시켜 하늘신의 모습을 본 뜬 꼭두각시 인형을 만들었던 것이다.

그러고선 사관 한 명에게 하늘신 역할을 맡긴 뒤 함께 내기를 했다. 내리 세 판을 이기고 난 무을왕은 꼭두각시 인형이 입고 있던 옷을 벗긴 뒤 채찍질을 하고서는 불살라버렸다. 그뿐만이 아니었다. 무을왕은 커다란 가죽 주머니를 만들어서 그 안을 동물의 피로 채우게 했다. 그러고 난 뒤에는 높다란 장대 위에 가죽 주머니를 매달아 놓은 뒤 조정 대신들이 모인 자리에서 직접 화살을 쏘아 가죽 주머니를 터뜨렸다. 그는 주머니에서 쏟아지는 피를 가리켜 '하늘을 쐈다'며 신의 존재를 부정했다. 그 후 어느 누구도 감히 신의 존재를 주장하지 못했을 뿐더러 절대 권력을 행사하는 무을왕의 행위에 간섭하지 못했다.

그러던 어느 날, 특히나 사냥을 좋아하던 무을왕이 황하 위수渭水를 지나갈 때였다. 갑자기 천지가 요동치더니 미처 피할 사이도 없이 벼락에 맞아 죽고 말았다. 사실 벼락이 치는 것은 순전한 자연현상이었지만 사람들은 그가 하늘의 벌을 받아 벼락에 맞아 죽었다고 여겼다.

행동거지를 올바르게 하면 공경받게 된다

臨之以莊(임지이장)

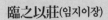

계강자季康子가 물었다. "백성들이 공경하고 충성하며 근면하게 만들려면 어떻게 해야 합니까?" 그러자 공자께서 말씀하시기를 "백성을 대할 때 행동거지를 올바르게 하면 공경하게 되고 부모님께 효도하고 아랫사람을 사랑하면 백성들이 충성하게 되며 능력 있는 자들을 등용하여 능력이 부족한 자들을 잘 교화시키면 백성들이 근면해질 것이오."라고 하였다.

계강자는 이름이 비肥로 노 애공哀公 시절에 실질적으로 정권을 장악하고 있던 사람이었다. 계강자는 정권을 장악한 뒤 남궁경숙南宮敬叔을 염유冉有에게 보내 자신을 보좌하여 정사를 돌봐달라고 부탁한 적이 있었다.

남궁경숙이 공자와 제자들을 만나러 왔을 때 공자가 물었다.

"계강자는 그의 아비 계환자에 비해 어떻소?" 그러자 남궁경숙이 대답했다. "아비에 버금가는 권세는 가지고 있으나 권모술수는 아비만큼 능하지 못합니다." 그러자 공자가 또다시 물었다. "노 애공은 선왕 노 정공에 비해 어떻소?" 그러자 남궁경숙이 말했다. "선왕에 버금갈 만큼 권모술수에 능하지만 권세는 선왕만도 못합니다."

계강자는 자신의 권력과 지위를 공고히 다지기 위해 이제 막 즉위한 제나라의 간공簡公에게 누이동생을 시집보내고자 했다. 그러나 누가 알았으랴? 자신의 숙부 계방후季魴侯와 은밀한 관계를 맺고 있던 누이동생이 혼례 날이 다가와서야 사실을 털어놓았던 것이다. 계강자는 차후에 문젯거리가 될 수 있다는 두려움에 차마 누이동생을 제 간공에게 시집보낼 수 없어 이를 취소하고자 했다. 그러나 젊고 혈기왕성했던 제 간공은 이에 앙심을 품고 그해 여름 군사를 이끌고 노나라를 침공하여 읍 두 개를 빼앗았다.

훗날 계강자가 공자를 노나라로 초빙하여 치국의 도를 물었을 때였다. 공자는 "백성을 대할 때 행동거지를 올바르게 하면 백성들이 자연스레 당신을 공경하게 될 테니 이는 민심이 미덕에 감응하기 때문이오. 또한 부모님께 효도하고 아랫사람을 사랑하면 백성들이 당신에게 충성을 바치게 될 것이며 능력 있는 자들을 등용하여 능력이 부족한 자들을 잘 교화시키면 백성들이 근면해질 것이오."라고 하였다.

　　남북조南北朝시대 양梁 무제武帝는 여승진呂僧珍의 재능과 인품을 흠모했다. 하루는 여승진이 부모의 묘소를 수리하기 위해 관직을 그만두고 낙향할 것을 간청했다. 이에 양 무제는 그의 낙향을 허락하는 한편 그의 고향 남연주南兗州의 자사刺史(지방관의 일종)로 임명했다.

　　여승진에게는 누나가 있었는데 야채 시장 한편의 허름한 집에서 살고 있었다. 고향으로 돌아온 여승진은 시간이 날 때마다 누나를 찾아갔으며 관료의 신분으로 시장 골목을 수시로 드나드는 것을 결코 창피하게 여기지도 않았다. 그러나 이를 보다 못한 누군가가 한 가지 제안을 했다. 여승진의 관사 맞은편에 있는 하급 관원의 관사를 다른 곳으로 옮기고 그 집을 여승진의 누나가 살도록 하자는 것이었다. 그러나 여승진은 나랏돈으로 운영되는 관사를 사적인 용도로 사용할 수 없다며 제안을 단박에 거절했다.

　　여승진은 공과 사를 철저히 구별했으며 단 한 번도 권력을 이용하여 사리사욕을 꾀한 적이 없었다. 심지어 형제와 친척들을 만날 때도 관사 밖에서 만났으며 공무를 처리하는 관사 안에는 얼씬도 못하게 했다. 또한 형제들에게 충고하기를 "이곳은 연주 자사가 거처하는 곳이지 여승진 개인의 처소가 아니다."라며 주의를 환기시켰다. 이렇듯 유별날 만큼 대쪽 같은 그의 행동거지는 비록 형제와 친척들의 원망을 사기는 했지만 천하 백성의 존경을 얻어냈다.

처음
시작하는
논어

3

아침에
도를 들으면
저녁에 죽어도
여한이 없다

아침에 도를 들으면
저녁에 죽어도 여한이 없다

朝聞道 夕死可矣 (조문도 석사가의)

공자께서 말씀하시기를 "아침에 도를 들으면 저녁에 죽어도 여한이 없다."라고 하였다.

공자가 노나라의 사구司寇(지금의 사법부 장관직에 해당함)직을 맡은 뒤로 노나라는 국력이 나날이 강대해졌다. 이에 제나라 경공景公은 슬그머니 걱정이 되기 시작했다. 만일 공자가 계속해서 노나라의 정권을 주도하게 되면 머잖아 노나라가 천하를 제패하여 패주가 될 것인데 이는 제나라에 상당한 위협이었다.

그래서 제 경공은 미녀 팔십 명과 말 백이십 필을 노나라 정공定公에게 선물로 보냈다. 과연 제 경공의 예상대로 노 정공은 미녀들과 노닐며 주색에 빠진 채 정사를 돌보지도 않았고 공자의 권유도 듣지 않았다. 이에 크게 실망한 공자는 대사구직을 사직하고 노나라를 떠나 위나라로 건너갔다. 그리고 여러 제후국들을 돌아다니며 그의 학설과 정치적 이념을 설파했지만 그 누구도 공자를 중용하지 않았다.

그로부터 오랜 시간이 지난 뒤 노 애공 11년(기원전 484년), 공자 나이 예순이 돼서야 계강자가 공자를 노나라로 불러들였다. 공자가 일찍이 노나라를 떠나 제후국을 전전한지 14년 만이었다. 그러나 안타깝게도 노 애공과 계강자는 공자에게 정사를 돌보고 정치를 하는 방법에 관한 여러 자문을 구하면서도 결코 공자를 중용하지 않았다.

그제야 공자는 자신의 정치적 주장은 당시 각국 제후들의 통치 이념과 맞지 않았다는 걸 깨달았다. 그럼에도 공자는 결코 자신의 주장을 굽히지 않았다. 그는 평생 동안 "아침에 도를 들으면 저녁에 죽어도 여한이 없다."라는 집념으로 '도道'를 설파했다.

또한 그 '도'가 현실적인 정치에 이용되는 문제에도 욕심을 부리지 않았다.

―――――――― **지혜가 꼬리를 무는 역사 이야기** ――――――――

진晉나라 혜제惠帝 때 양선陽羨 지방에 주처周處라는 사람이 있었다. 그의 아버지 주방周紡은 오나라 파양鄱陽의 태수직을 역임했으나 그의 나이 열 살 때 세상을 떠나고 말았다.

아버지의 가르침과 보살핌을 잃어버린 주처는 하릴없이 방탕한 생활을 하기 시작했다. 게다가 천하장사 뺨칠 정도로 괴력을 지닌 데다 성격이 포악했던 그는 걸핏하면 남을 두들겨 패고 말썽을 피우기 일쑤였다. 당시 장교長橋에는 독각사獨角蛇라 불리는 커다란 뱀이 활개를 치고 있었고, 남산南山에는 이마에 흰색 털이 난 백액호白額虎라는 호랑이가 기승을 부리면서 사람들을 해쳤다. 그래서 마을 사람들은 남산의 백액호와 장교長橋의 독각사 그리고 주처를 3대 해로움을 뜻하는 '삼해三害'라고 부르기 시작했다.

차츰 철이 들면서 자신의 과오를 깨달은 주처는 지난 허물을 고쳐서 새 사람이 되기로 결심했지만 마을 사람들은 그의 말을 믿지 않고 계속 피하기만 했다. 그러자 주처는 마을 사람들에게 어떻게 하면 자기의 말을 믿어 주겠느냐며 도움을 청하게 되었다. 이에 마을 사람들은 "남산에 사는 백액호와 장교 밑에 사는 독각사를 죽인다면 자네말을 믿겠네."라고 제안을 했다. 사실 마을 사람들은 눈엣가시 같은 주처가 호랑이와 독각사에게 죽임 당하기를 바라고 이렇듯 무모한 제안을 했던 것이다. 그러나 이를 까마득하게 몰랐던 주처는 죽을힘을 다해 사투를 벌인 끝에 호랑이와 뱀을 죽이고 마을로 돌아왔다. 그가 마을로 돌아왔을 때 마치 마을 사람들은 잔치를 벌이고 있었다. 주처가 괴수들과 싸우다 죽었을 거라고 믿어 의심치 않았던 마을 사람들은 마침내 자신들을 괴롭히던 말썽꾸러기가 사라진 것을 축하하고 있었던 것이다. 그제야 마을 사람들이 괴수들보다 더 자신을 미워하고 싫어했다는 사실을 깨달은 주처는 크게 낙담하고 말았다.

그리하여 주처는 동오東吳로 가서 당시 유명한 학자였던 육기陸機와 육운陸雲 형제를 만나 자초지종을 이야기하며 말했다. "난 정말 개과천선하고 싶지만 이제 나이도 먹을 만큼 먹어서 더 이상 가망이 없을 듯합니다." 그러자 육기는 "굳은 의지를 갖고 지난날의 과오를 고쳐서 새 사람이 되어 개과천선改過遷善한다면 자네의 앞날은 무한하네."라고 격려를 해주었다. 육운 역시 이렇게 말했다. "옛 성현께서 말씀하시기를 '아침에 도를 들으면 저녁에 죽어도 여한이 없다'고 했네. 게다가 자네는 아직도 나이가 젊지 않나? 창창한 미래가 자네를 기다리고 있네."

이에 용기를 얻은 주처는 십여 년 동안 학문과 덕을 익혀 마침내 한 세대를 풍미한 대신이 되었다. 훗날 원강元康 7년(297년) 주처는 제만년齊萬年이 반란을 일으키자 이를 평정하기 위해 군사를 이끌고 출병하여 수천만의 반란군을 제압했지만 구원 병력이 끊기면서 결국엔 전쟁터에서 전사하고 말았다.

이것을 할 수 있다면
무엇인들 하지 못하겠는가

是可忍 孰不可忍(시가인 숙불가인)

공자께서 계씨를 평하여 말씀하시기를 "그가 팔일무八佾舞를 뜰에서 추게 하니 이것을 할 수 있다면 무엇인들 차마 하지 못하겠는가?"라 하였다.

팔일무란 무용수 예순네 명이 여덟 줄로 나눠서 악기를 연주하며 추는 춤으로 주나라 천자가 제사를 지낼 때 이용하던 무악舞樂이었다.

노나라는 주공周公의 영지로 주공은 제 무왕武王이 천하를 평정하도록 도와주었고 제 성왕成王이 천하를 다스리는 데 지대한 공헌을 한 인물이었다. 그래서 성왕은 노나라에서 제사 지낼 때 천자만이 누릴 수 있는 팔일무를 출 수 있도록 특별히 허가하였다. 그 밖의 다른 제후국들은 마흔여덟 명의 무용수가 춤을 추는 육일무六佾舞를 출 수 있었고 대부들은 서른두 명이 춤을 추는 사일무四佾舞, 하위급 관리들

은 열여섯 명이 추는 양일무兩佾舞만을 출 수 있었다. 이러한 규정을
어기는 것은 곧 예를 범하는 행위로 간주했다.

　　노나라의 계씨는 당시 정권을 쥐락펴락하던 실권자로 노나라
군주는커녕 주나라 천자까지도 우습게 여겼다. 그래서 자신의 집에서
연회를 베풀면서 천자만이 누릴 수 있는 팔일무를 추었다. 이에 공자
는 분개하며 크게 책망했다. "조정의 정권을 거머쥐고서 나라를 망치
고 있으니 이미 신하의 본분을 잊은 지 오래구나! 소공昭公 11년(기원전
531년) 봄에는 감히 천자와 제후의 예를 갖춰 태산泰山에 올라 제사를
지내다니, 태산의 신령께서 너의 제사를 받아들일 것으로 생각했느
냐? 소공 25년(기원전 517년)에는 국사를 관장하는 재상의 신분임에도
군주께서 여는 제사에 참석하기는커녕 사사로이 연회를 베풀어 감히
천자와 노나라 군주만이 누릴 수 있는 팔일무를 추게 하니 이것을 할
수 있다면 무엇인들 차마 하지 못하겠는가?" 공자는 이어서 차갑게
웃으며 말했다. "앞으로 내가 노나라의 역사를 기술한 『춘추春秋』를
수정하게 되면 이 무엄하기 짝이 없는 일을 단 한 자도 빠짐없이 역사
책에 기재하여 자손 대대로 알리고 말 테다."

──────── **지혜가 꼬리를 무는 역사 이야기** ────────

　　수隋나라 때 우홍牛弘이라는 사람이 있었다. 본래 성이 요尞씨였
으나 후위後魏대에 시중관侍中官직을 맡으면서 황상으로부터 우牛라는

성씨를 하사받아 개명하였다.

우홍은 성격이 관대하기로 유명하여 '군자 중의 군자'라고 일컬었다. 젊은 시절부터 학문에 뜻을 둬 제아무리 바쁘고 고된 일에도 손에서 책을 놓는 일이 없었다. 이러한 부단한 노력으로 학식을 쌓아 훗날 이부상서吏部尚書직까지 올랐다.

우홍에게는 우필牛弼이라는 아우가 있었는데 술을 좋아하여 허구한 날 술에 취해 살았다. 그러던 어느 날 우필은 술에 취한 나머지 우홍이 타고 다니는 수레를 끄는 소를 활로 쏘아 죽였다. 우홍이 집에 돌아오자 그의 아내가 호들갑을 떨며 말했다. "어찌 된 일인지 서방님이 오늘 느닷없이 소를 쏘아 죽였지 뭐예요."

사실 보통 사람들의 생각으로 형의 수레를 끄는 소를 죽인 일은 무례를 넘어서 상당히 도발적인 행위였다. 그러나 우홍은 아무렇지도 않다는 듯 이렇게 말하는 것이었다. "그럼 그 소로 육포를 만들어 먹읍시다." 그러자 그의 아내가 답답하다는 듯 또다시 말했다. "서방님이 당신 소를 쏘아 죽였다니까요. 이런 괴이한 일이 어디 있습니까?" 이에 우홍은 이렇게 말했다. "이미 알고 있소." 그러고는 태연히 책을 꺼내들어 읽기 시작했다.

세 번 생각한 뒤에 행동한다

三思而後行(삼사이후행)

계문자季文子가 세 번 생각한 뒤에 행동했다는 말을 듣고 공자께서 말씀하시기를 **"두 번이면 족하다."**라고 하였다.

춘추시대 노나라에는 계문자라는 재상이 있었다. 계문자는 신중하기로 소문난 재상이었는데 그 어떤 문제라도 항상 전후 상황을 정확하게 파악하여 심사숙고 한 뒤에야 결정을 내렸다. 그래서 당시 사람들은 "세 번 생각한 뒤에 행동한다."며 그의 신중함을 칭송했다.

어느 겨울 날 계문자가 진나라를 방문할 준비를 할 때였다. 그는 사람을 시켜 노나라에 초상을 당한 사람이 있는지 물어보게 했다. 만일 초상을 당한 사람이 있다면 상례가 끝난 뒤에 출발하기 위해서였다. 이에 그를 수행하던 관리가 물었다. "그것까지 미리 준비할 필요가 있습니까?" 이에 계문자가 대답했다. "예로부터 조상들께서 항상 예기치 못한 일에 미리 준비하라고 가르치셨다. 아무것도 모른 채 갔다가 뜻밖의 일에 부딪혀 허둥대기보다는 미리 이것저것 알아보고 준비하는 것이 훨씬 낫지 않느냐?"

공자는 계문자와 동시대 사람이 아니었다. 공자가 태어났을 때는 이미 계문자가 죽은 지 십여 년 뒤였다. 공자는 제자들이 계문자의 처세술을 논의하는 것을 듣고 그의 행위가 결코 옳지 않았다는 평을 내리며 이렇게 말했다. "두 번이면 족하다."

그렇다면 공자는 왜 두 번이면 충분하다고 생각했을까? 사실상 『논어』 원문에는 그와 관련된 설명이 없다. 다만 송대 유명한 유학자 주희朱熹 등의 주석에 따르면 너무 많은 생각을 하게 되면 오히려 결정은커녕 의혹만 늘어나기 때문에 두 번이면 충분하다고 설명하고 있다.

또한 청나라 환무용宦懋庸은 『논어계論語稽』에서 다음과 같이 기재하고 있다. "계문자는 과도하게 신중했다. 복과 재앙, 이해관계를 지나치게 세밀하게 따지는 탓에 그의 일생동안 아름다운 미명을 얻기도 했지만 적잖은 과실을 범하기도 했다. 이는 무슨 일이든 세 번 생각한 뒤에 행동하던 그의 처세술에 기인한 탓이다. 공자는 신중하게 문제점을 생각하고 결정하는 것은 중요하지만 과도한 신중은 오히려 쓸데없는 의혹만을 부풀려서 일을 망가뜨리기 쉽다고 여겼다."

중국 고대 왕들 가운데 강희康熙 황제는 '신중한 정책'을 펼친 가장 대표적인 황제였다. 그는 국가 대사를 계획하고 결정하는 데서도 반복적인 조사와 논의를 통해 신중한 결정을 내렸다. 그야말로 무슨 일이든 세 번 생각한 뒤에 행동으로 옮겼다.

명말 청초 시기에는 수차례 전란으로 말미암아 황하를 막고 있던 댐들이 허물어진 탓에 걸핏하면 황하가 범람하여 수재가 나기 일쑤였다. 특히나 강희 황제에 이르러서는 그 폐해가 대단히 심각했는데 그가 즉위한 지 16년 동안 무려 67차례나 제방이 터져 황하가 범람하여 엄청난 손실을 입었다.

그리하여 강희 황제는 치수 사업을 국가 삼대 대사로 지정하였다. 그는 관리를 파견하여 황하의 발원지인 성숙해星宿海까지 왕복 만리 길을 탐사하도록 한 뒤 중국 역사상 최초의 황하 강 지도를 완성했다.

1706년, 조정에서 치수 방법을 논의하던 중에 어성룡於成龍과 근보靳輔 사이에 의견 충돌이 일어났다. 쟁론의 요점은 하구河口를 만드느냐 아니면 커다란 제방을 쌓느냐 하는 점이었다. 섣불리 결정을 할 수 없었던 강희 황제는 조정의 주요 대신들을 모아 놓고 어전회의를 벌였지만 치열한 논쟁만 있을 뿐 쉽게 결론이 나오지 않았다. 이에 강희 황제는 황하 강에 인접한 지역의 관리들에게 의견서를 작성하여 조정에 제출하라고 명령했다. 1월 10일부터 시작해서 12월 27일까지 장장 일 년에 걸쳐서 현지 조사와 의견서 제출, 논쟁, 검증 등의 과정을 진행한 뒤 결론을 내렸다. 그야말로 신중에 또 신중을 기한 끝에 결정을 내린 것이다.

강희 황제는 어성룡의 의견에 손을 들어주었다. 수로 책임자였던 근보의 직책을 파직시키고 대신 어성룡에게 그 직책을 맡겼다. 그후 강희 황제는 치수 사업의 진행을 살피려고 직접 시찰을 나왔다가 어성룡이 근보의 방책대로 일을 진행시키는 것을 발견했다. 강희는 자세한 연유를 살피지도 않는 채 즉시 근보의 직책을 원상 복귀시켰다.

때가 오기를 기다려
재능을 펼친다

待賈而沽(대가이고)

자공이 공자께 말하기를 "여기에 아름다운 옥이 있다면 그것을 상자에 넣어 감춰두시겠습니까? 아니면 좋은 값을 쳐줄 상인을 찾아 파시겠습니까?"라고 하였다. 그러자 공자께서 말씀하시기를 "팔아야 한다, 팔아야 하느니라. 나는 좋은 값을 쳐줄 상인을 기다리는 사람이다."라고 하였다.

공자의 제자들 가운데 유일하게 상인 출신이 바로 자공이다. 그는 갑부 출신으로 생각이 민첩하고 이해력이 뛰어나서 도리를 잘 깨우쳤다. 공자가 쉰여섯이 되던 해 여러 제후국들을 다니며 유세 활동을 시작할 때부터 자공은 공자를 따라다녔다. 공자와 함께 숱한 난관을 헤쳤던 사이가 각별했던 제자 가운데 하나였다.

어느 날 아름답고 진귀한 옥 하나를 얻게 된 자공이 공자를 찾아가 물었다. "스승님, 이런 귀중한 옥은 상자에 넣어 잘 보관해야 합니까? 아니면 기회가 오면 좋은 가격에 팔아야 합니까?" 자공의 물음에 공자는 아주 명쾌한 해답을 내놓았다. "당연히 팔아야 한다. 나는 좋은 값을 쳐줄 상인을 기다리느니라."

위의 이야기는 얼핏 보면 진귀한 옥에 관한 대화이지만 실상은 또 다른 뜻이 있었다. 자공이 공자에게 묻고자 한 내용은 바로 이랬다. "스승님은 재능이 출중한 사람인데 그 재능을 감추고 평생 사실 겁니까? 아니면 때가 오면 세상에 나가 재능을 맘껏 펼치실 겁니까?" 자공의 속뜻을 파악하고 있던 공자는 짐짓 비유를 섞어 '당연히 팔아야 한다. 나는 좋은 값을 쳐줄 상인을 기다리느니라.'라고 대답했다. 즉 자신의 재능을 알아보는 군주가 나타나면 언제든지 세상에 나가 재능을 발휘하겠다는 의미였다.

사실 공자는 자신의 정치적 포부를 펼치고 싶은 열망에 사로잡혔으나 끝내 여러 제후들에게 외면당하는 불운의 삶을 살아야 했다. 그 역시 신세를 한탄하며 이렇게 탄식한 적이 있다.

"설마 내가 쓸모없는 조롱박이란 말이더냐? 왜 아무도 나를 기용하지 않는다는 게냐?" 훗날 임종을 앞둔 공자는 늦게야 허겁지겁 자신을 찾아온 자공을 바라보며 원망 섞인 목소리로 "왜 이제야 오는 게냐?"라고 말했다고 한다. 자신이 특별히 아끼던 제자에 대한 각별한 정이 묻어나는 말이 아닐 수 없다. 공자가 죽고 난 뒤 다른 제자들은 삼년상을 치렀지만 유독 자공만이 육 년 동안 시묘살이를 하며 공자의 묘를 지켰다.

──────── **지혜가 꼬리를 무는 역사 이야기** ────────

명나라 말년, 이자성李自成이 반란을 일으켜 북경으로 쳐들어 올 무렵이었다. 명나라의 주력부대를 이끌고 산해관山海關을 지키고 있던 오삼계吳三桂는 북경으로 올라와 왕을 보필하라는 명령을 받고 마침 북경으로 이동 중이었다. 그런데 북경에 도착하기도 전에 이미 이자성이 북경을 함락했다는 소식이 날아왔다. 오삼계는 울분을 집어삼키며 말머리를 돌려 산해관으로 돌아올 수밖에 없었다.

북경에 아버지 오양吳襄과 애첩 진원원陳圓圓을 남겨두었던 오삼계는 하루하루를 초조하게 보낼 수밖에 없었다. 그 자신조차도 급박하게 돌아가는 정세 속에서 어떻게 해야 할지 도무지 갈피를 잡을 수가 없었다. 당시 남쪽은 이자성의 반란군이 차지하고 있었고 북쪽으로는 청나라 군을 이끌고 있던 뒤얼군多爾袞이 호시탐탐 명나라를 노리고 있었다. 이자성과 뒤얼군은 둘 다 명나라의 주력부대를 이끌고 있는 오삼계를 회유하여 자신의 편으로 끌어들이려고 안간힘을 썼다. 오삼계가 어느 쪽으로 기우느냐에 따라 승산이 결정되기 때문이었다.

북경을 차지하고 있던 이자성은 오삼계의 아버지와 애첩을 미끼로 삼아 오삼계를 회유했다. 그는 오양에게 아들 오삼계에게 편지를 보내 설득하라고 시키는 한편 은 사만 냥을 포상으로 내리며 다른 장수에게 산해관을 맡기고 북경으로 오라고 설득했다. 오삼계는 어쩔 수 없이 이자성 쪽으로 기울어졌다.

그는 병사를 이끌고 산해관을 떠나 북경을 향해 이동했다. 그런데 도중에 청천벽력 같은 소식이 날아왔다. 이자성이 수많은 조정 대신들을 고문하는 과정에서 오삼계의 집과 재산도 몰수했으며 그의 애첩은 이자성의 부하 장수 류종민劉宗敏이 빼앗아갔다는 것이다. 자신의 재능을 맘껏 펼칠 수 있는 새로운 기회가 찾아왔다고 여겼던 오삼계는 분노에 휩싸이고 말았다. 그는 또다시 산해관으로 철수한 뒤 이자성이 이끄는 반란군을 상대로 전투를 벌였다.

그는 수세에 몰리게 되자 거짓으로 평화 협정을 맺은 척 이자성의 군대를 산해관 쪽으로 유인했다. 그리고 암암리에 뒤얼군과 손을 잡고 청나라 군을 끌어들여 이자성이 이끄는 반란군을 기습 공격 하도록 도와주었다. 이로써 역사의 주인은 청나라가 되었다.

군자는 사사로이
파벌을 만들지 않는다

群而不黨(군이부당)

공자가 나간 뒤 진陳나라 사패司敗가 무마기巫馬期를 향해 읍揖을 하고
서는 가까이 다가오게 하여 말했다. "내가 듣기에 군자는 사사로이 편애
하여 파벌을 만들지 않는다고 했습니다. 그런데 정말로 군자는 편애하지
않습니까? 노 소공昭公은 오나라에서 같은 성씨의 아내를 맞이하고 그 부
인을 오맹자吳孟子라고 불렀습니다. 만일 이러한 노 소공의 행위를 예를 아
는 사람의 것이라고 말한다면 이 세상에 예를 모르는 사람이 누가 있겠습
니까?"

진나라 사패가 물었다. "노 소공은 예를 압니까?" 그러자 공자
가 말했다. "예를 아는 분입니다." 말을 마친 공자가 자리에서 물러나
자 진나라 사패가 위의 명언을 말하며 노나라 군주를 편드는 공자를

비판했다. 나중에 무마기가 그 말을 전하자 공자가 말했다. "나는 참으로 행운아구나. 잘못을 저지를 때면 이렇듯 누군가가 나서서 내 잘못을 깨우치도록 해주니 말이다."

당시 예법에는 동성 간의 결혼을 불허하고 있었다. 그럼에도 노 소공이 같은 희姬씨 성의 여인을 부인으로 맞아들였으니 이는 명백히 예를 거스른 행위였다. 그럼에도 공자는 노 소공이 예를 잘 알고 있다고 두둔한 것이다.

여기서 우리는 공자가 사회적으로 신분이 높은 군주의 허물을 덮어주고자 했던 사대주의 정신을 엿볼 수 있다. 공자는 당시의 신분 제도를 최고의 기본 원칙으로 삼았기에 그 자신조차도 때때로 모순에 빠질 때가 있었다. 그리하여 스스로를 비웃듯 "나는 참으로 행운아구나. 잘못을 저지를 때면 이렇듯 누군가가 나서서 내 잘못을 깨우치도록 해주니 말이다."라고 탄식했는지도 모른다.

─── 지혜가 꼬리를 무는 역사 이야기 ───

춘추시대 말년, 진나라에 한바탕 권력 다툼의 피바람이 불면서 조정의 대신 양설호羊舌虎가 붙잡히자 그의 동생 양설적羊舌赤과 양설힐羊舌肹마저 위험에 빠지게 되었다.

이때 조정에는 진 평공平公의 두터운 신임을 받고 있던 대부 숙어叔魚가 있었다. 그는 평소에 양설 형제의 인품과 학식을 흠모하며 자신의 편으로 끌어들여 파벌을 만들려고 애쓰던 참이었다. 어느 날 우연히 양설힐과 마주치게 된 숙어는 이때다 싶어 양설힐을 위로하며 말했다. "이보게, 너무 초조해하지 말게. 내가 왕을 배알하면 자네 형제들을 대신해 사정해보겠네." 그러나 양설힐은 차갑게 웃으며 이를 거절했을 뿐만 아니라 고맙다는 인사 표시조차 하지 않았다. 그야말로 숙어는 섣불리 친절을 베풀려다 체면만 구기고 만 셈이었다. 그 후 얼마 지나지 않아 양설적과 양설힐은 감옥에 갇힌 채 왕의 처분 명령만 기다리는 신세가 되었다.

당시 이미 퇴직하여 고향에 머물고 있던 대신 기혜祁傒가 이 소식을 듣자마자 밤낮을 말을 달려 도성으로 달려왔다. 그는 진 평공을 알현하고 양설 형제를 풀어달라고 설득과 회유를 거듭한 끝에 마침내 양설 형제는 감옥에서 풀려나서 복직되었다.

이에 양설적이 동생 양설힐에게 말했다. "우리 마땅히 기혜 대신을 찾아가 목숨을 살려준 은혜에 감사드려야 하지 않겠느냐?" 그러자 양설힐이 말했다. "감사할 필요가 뭐가 있다고 그럽니까? 무릇 군자는 편애를 하지 않는 법입니다. 기혜 대신은 숙어와는 다른 부류의 사람입니다. 그는 진나라의 안위를 걱정하여 우리를 풀어달라고 왕을 설득한 것입니다. 숙어처럼 우리를 자신의 편으로 끌어들이기 위해 그런 것이 아닙니다."

그러나 도저히 모른 척 지나칠 수 없었던 양설적은 혼자서 기혜를 만나기 위해 기혜의 아들 기오祁午 집을 찾아갔다. 그러나 기혜는 진평공을 설득하여 양설 형제가 풀려나자마자 곧바로 고향 집으로 내려가고 없었다. 과연 양설힐의 말마따나 기혜는 오로지 국가의 안위만을 걱정할 뿐 양설 형제에게는 사사로운 감정을 품고 있지 않았던 것이다.

자신이 나서고 싶을 때
먼저 남을 내세운다

己欲立而立人 己欲達而達人(기욕입이입인 기욕달이달이)

공자께서 말씀하시기를 "인자仁者란 자신이 나서고 싶을 때 먼저 남을 내세우며 자기의 목적을 달성하고 싶으면 먼저 남이 목적을 달성하도록 한다. 이렇듯 자신의 입장에서 미루어 남을 이해할 수 있다면 인을 실천하는 방법이라 일컬을 만하다."라고 하였다.

공자가 주장하는 '인'에는 옳고 그름의 명확한 구분이 있었다. 가령 백성을 사랑하는 마음은 '인'이지만 미워하는 마음 역시 '인'이라고 했는데 여기서 사랑과 미움의 기준은 바로 대다수 백성들의 이익에 부합하느냐의 여부였다.

그리하여 '백성에게 은혜를 베풀되 낭비하지 않고, 백성들에게 일을 시키되 원망을 사지 않으며, 인의仁義를 얻고자 하되 탐욕을 부리지 않고, 차분하고 신중하게 행동하되 교만하지 않으며, 위엄이 있되 사납지 않아야 한다.'는 다섯 가지의 미덕을 숭상했으며 '백성들을 가르치지 않고 함부로 죽이는 것을 잔학이라 이르고, 미리 알려주어 주의시키지 않고 완성을 요구하는 것을 포악이라고 이르며, 명령과 감독을 소홀히 하고선 기한을 재촉하는 것을 해친다고 이르고, 사람들에게 재물을 나누어 주는 것에 인색하게 구는 것을 도량 좁은 창고지기 말단 벼슬아치의 행색과 같다고 한다'는 네 가지의 악정을 경계하였다.

어느 날 자공이 공자에게 물었다. "백성에게 은혜를 베풀고, 또한 백성들이 곤궁에서 벗어나도록 할 수 있다면 그 사람은 어떻습니까? 인을 실천한 '인자'라고 할 수 있습니까?" 그러자 공자가 말했다. "어찌 '인자'뿐이겠느냐? 그야말로 성인聖人이다! 이는 요와 순임금조차도 하기 어려운 일이다. 무릇 '인자'란 자신이 나서고 싶을 때 먼저 남을 내세우며 자기의 목적을 달성하고 싶으면 먼저 남이 목적을 달성하도록 한다. 이렇듯 자신의 입장에서 미루어 남을 이해할 수 있다면 인을 실천하는 방법이라 일컬을 만하다."

────────── **지혜가 꼬리를 무는 역사 이야기** ──────────

구양수歐陽修는 북송北宋대의 유명한 문학가이자 정치가였다. 그는 네 살 때 아버지를 여의고 홀어머니와 함께 가난한 어린 시절을 보냈다. 빈곤한 생활 속에서도 그의 어머니는 엄하게 글공부를 시켰고 덕분에 그는 과거에 급제하여 벼슬길에 나서게 되었다.

구양수는 참지정사參知政事(부재상직)직에 있을 무렵 그와 직위가 같았던 범중엄이 주도하는 정치 개혁에 적극적으로 나섰다. 그러다 범중엄이 관직을 파직당하자 구양수는 개인의 안위는 돌보지 않은 채 조정의 부패한 권신들을 비난하다 좌천당하고 말았다.

그의 유명한 작품 『취옹정기醉翁亭記』는 바로 그가 저주滁州(지금의 안휘성安徽省 저현滁縣)의 태수로 좌천당했을 때 지은 작품이다.

구양수는 개혁 정책에 동참했을 때 인재를 발굴하는 일에도 상당히 주의를 기울였다. 그리하여 수많은 인재들이 자신의 재능을 맘껏 펼칠 수 있는 기회를 얻어 출세할 수 있었다. 그 가운데 가장 유명한 사람이 바로 증공曾鞏·왕안석王安石·소순蘇洵·소식蘇軾·소철蘇轍 등이다.

구양수가 당시 소식의 재능을 높이 평가하며 천거했을 때 누군가가 말했다. "소식은 재능이 너무 뛰어난 사람입니다. 만일 그를 천거하신다면 십 년도 지나지 않아 세상 사람들은 구양수라는 존재는 까맣게 잊은 채 소식만을 기억할 것입니다." 그러나 구양수는 너털웃음을 터뜨리더니 아무런 사심 없이 소식을 천거하여 출세할 수 있도록 도와주었다. 소식은 이러한 구양수의 넓은 아량과 고마움을 항상 가슴에 새기고 살았다. 구양수가 죽은 뒤 소식은 고마움의 감정이 절절이 아로새긴 추도문을 남겼고 이는 지금까지도 전해오고 있다.

한 세대를 풍미한 구양수는 '자신이 나서고 싶을 때 먼저 남을 내세우며 자기의 목적을 달성하고 싶으면 먼저 남이 목적을 달성하도록 한다'는 인생의 철칙을 직접 실천으로 옮겨 후세 사람들의 존경과 숭배를 한 몸에 받게 되었다.

북을 울리며
성토해도 좋다

鳴鼓而攻之(명고이공지)

계씨는 주공보다 부유했음에도 염유는 계씨를 위하여 조세를 징수하여 계씨의 부를 더욱 늘려 주었다. 이에 공자께서 말씀하시기를 "**염유는 내 제자가 아니다. 너희들은 큰 북을 울리며 그를 성토해도 좋다.**"라고 하였다.

───────────

계강자가 부친의 유언에 따라 공자를 노나라로 불러들여 자신을 도와 정사를 돌보도록 할 때였다. 대부 공지어公之魚가 만류하며 말했다. "지난날 선친께서도 공자를 중용하려다가 좋은 결과를 얻지 못하고 제후들의 웃음거리만 됐습니다. 차라리 공자의 제자를 불러들이면 공자를 중용하는 것과 마찬가지의 결과를 얻을 수 있으니 특별한 후환은 없을 것입니다."

그리하여 계강자는 남궁경숙南宮敬叔을 시켜 공자의 제자인 염유를 노나라로 불러들였다. 노나라로 되돌아온 염유는 장군으로 임명되어 계강자의 가신이 되었다. 그리고 창고가 텅 비어 군비가 부족한 문제를 해결하기 위해 계강자의 명령에 따라 세금 제도를 개선했다.

당시 노나라는 구부丘賦 제도를 실시하고 있었다. 즉 전답 16정井을 1구丘로 삼아 재산세와 토지세 명목으로 매년마다 말 한 필과 소 세 마리를 징수했다.

그런데 재산세와 토지세를 각각 분리하여 전부田賦 제도로 바꾼 것이다. 즉 1구마다 말 두 필과 소 여섯 마리를 징수하게 된 것이다. 이로 말미암아 백성들의 조세 부담이 두 배로 늘어났고 대신 계강자는 두 배의 세금을 거둘 수 있게 되었다.

공자는 염유가 계강자를 도와 백성을 갈취하여 부를 축적하는 것을 보고 분노를 터뜨리며 제자들을 향해 말했다. "염유는 내 제자가 아니다. 너희들은 큰 북을 울리며 그를 성토해도 좋다."

마치 전쟁에서 북을 치며 군사들의 사기를 북돋는 것처럼 여러 사람이 한 가지 목표를 추구하도록 선동했던 이 명언은 훗날 죄를 지은 사람을 성토한다는 의미로 바뀌었다.

── **지혜가 꼬리를 무는 역사 이야기** ──

유반劉攽은 역사 연구에 능통하여 일찍이 사마광司馬光이 주도하는 『자치통감資治通鑑』 편찬에 참여하기도 했다. 그는 문장 실력이 뛰어난데다 주체 의식이 강해 다른 사람의 의견이나 주장에 영합하는 법이 없었다. 송나라 소박邵博의 『문견후록聞見後錄』에 보면 그와 관련된 일화가 나온다.

어느 날, 탄핵과 감찰을 담당하는 어사중승御史中丞직의 관리가 동료들을 부추겨서 갑甲을 탄핵하려고 했다. 이때 관리 한 명이 유반을 찾아와 말했다. "갑이 정말로 탄핵을 받을 만큼 나쁜 짓을 저질렀습니까? 어사중승이 왜 벌떼처럼 몰려들어 그를 성토하려고 합니까?"

사실 그 관리는 유반도 갑을 탄핵하는 데 함께 동참하도록 끌어들이기 위해 일부러 이렇듯 물었던 것이다. 이에 유반은 차갑게 대꾸했다. "그들이야 공개적으로 탄핵을 하는 사람이지만 난 그런 몰래 쏘는 화살에 당하고 싶지 않네."

여기서 몰래 쏘는 화살이란 바로 암암리에 중상모략을 한다는 뜻을 내포하고 있었다. 즉 유반은 타인을 중상모략 하는 일에 가담하고 싶지 않음을 빗대어 말한 것이다.

옛것을 따르고
핵심을 찌른다

一仍舊貫(일잉구관)

노나라가 국고를 다시 짓자 민자건閔子騫이 말했다. "예전처럼 두면 안 되는가? 구태여 고쳐서 다시 지을 필요는 없잖은가!" 그러자 공자께서 말씀하시기를 "그 사람은 평소 말이 없는 편이지만 일단 말을 하면 반드시 핵심을 찌른다."라고 하였다.

────────────

민자건은 춘추시대 노나라 사람으로 공자의 제자이다. 민자건이 어릴 때 그의 어머니가 죽자 아버지는 후처 요姚씨를 맞이하여 아들 둘을 낳았다. 그러나 불행하게도 후처 요씨는 자신이 낳은 아들만 편애하며 민자건을 냉대하고 구박했다.

추운 겨울이 되자 요씨는 자신의 아들들에게는 두꺼운 솜을 채운 솜옷을 입히고 민자건에게는 갈잎으로 속을 채운 옷을 입혔다. 겉으로 보기에는 두툼해보였지만 찬바람이 솔솔 들어오는 옷이었다. 그러나 천성이 착하고 너그러웠던 민자건은 살을 에는 듯한 매서운 추위에도 불평 한마디 하지 않았다. 나중에서야 이 사실을 알게 된 민자건의 아버지는 불같이 화를 내며 후처를 내쫓으려고 했다. 그러자 민자건이 울면서 아버지를 만류했다.

"아버지, 어머니가 이 집에 계시면 저 하나 고생하면 그만이지만 어머니가 이 집을 떠나시게 되면 아들 셋 모두가 고생하게 됩니다." 민자건의 간곡한 만류에 아버지는 마음을 돌렸고 후처 요씨 역시 크게 감복하며 자신의 잘못을 뉘우치고 민자건을 친아들처럼 대하기 시작했다.

———— 지혜가 꼬리를 무는 역사 이야기 ————

유방劉邦은 황제로 즉위한 뒤 소하蕭何를 승상으로 임명했다. 소하는 진나라의 문헌들을 정리하고 당시 풍속과 백성들의 호구조사 등 민정을 시찰한 끝에 한나라 법률과 여러 가지 규칙을 제정했다. 유방이 죽은 뒤 황위를 계승한 한 혜제惠帝는 소하가 병석에 드러눕자 직접 그를 찾아가 병문안 했다. 이때 소하는 혜제에게 자신을 대신해 승상직에 오를 만한 사람을 천거했는데 바로 조삼曹參이었다.

새로 승상직에 오른 조삼은 모든 관리들이 소하가 제정한 법률에 따라 일을 처리하도록 독려했다. 또한 충성스럽고 정직한 사람을 자신의 조수로 삼아 소하가 추진했던 여러 가지 정책을 충실히 시행하도록 했다. 이에 불만을 품은 누군가가 혜제에게 조삼이 정사에 게을리 하며 전임 승상이 해놓은 일을 그저 따라한다고 일러바쳤다.

이에 혜제가 조삼을 불러 그 일을 들먹이자 조삼이 말했다. "폐하, 외람되오나 한 가지 아뢸 말이 있습니다. 황상과 선왕을 비교했을 때 누가 더 성군聖君이십니까?" 그러자 혜제가 대답했다. "과인은 아직 나이가 어린데 어찌 선왕과 비교할 수 있겠소?" "그렇다면 국가를 다스리는 책략을 논하는 데 있어서 저와 전임 승상 소하 가운데 누가 더 뛰어납니까?" 그러자 혜제가 웃으며 말했다. "아무래도 그대가 소하만큼은 못한 듯싶소." 이에 조삼이 간곡한 어조로 말했다. "폐하의 말씀이 전적으로 옳습니다. 황상보다는 선왕께서 더 성군이시고 저보다는 전임 승상이었던 소하가 더 뛰어납니다. 선왕과 소하는 천하를 평정하고 새로운 법률과 정책을 만들어냈습니다. 이를 마땅히 계승하고 실천하는 것이야말로 우리 몫이 아니겠습니까?"

조삼은 옛것을 그대로 따르며 효과적인 방법으로 사회를 안정시키고 국가 경제를 발전시켰다. 그리하여 후세 사람들로부터 소하에 버금가는 훌륭한 승상으로 추앙받았다.

부모의 나라를
떠나지 않는다

父母之邦(부모지방)

유하혜柳下惠가 형벌을 관장하는 벼슬을 하다가 세 번이나 파직당하자 누군가가 말했다. "당신은 왜 노나라를 떠나지 않는 거요?" 그러자 유하혜가 말하기를 "올바른 도리로 섬기다 보면 어디를 간들 세 번 쫓겨나지 않겠는가? 바르지 않는 도로 섬긴다면 구태여 부모의 나라를 떠날 필요가 있겠는가?"라고 하였다.

유하혜의 본명은 전획展獲이고 자는 자금子禽으로 춘추시대 노나라 대부이다. 그의 조상은 전국시대 노 효공孝公의 세손으로 노나라 서쪽 지방의 유하둔柳下屯을 식읍食邑으로 하사받았다. 이런 연유로 유하혜라고 불리게 되었다.

유하혜는 성품이 곧고 정직하여 영예와 이득보다는 덕행을 중시했다. 그가 노나라에서 형벌을 관장하는 법관직을 맡고 있을 때 매사에 원리 원칙대로만 따르며 부패한 관리들을 엄히 다스리다보니 적잖은 권신들에게 피해를 가져다주었다. 그로 말미암아 벼슬직에서 세 번이나 파직 당했지만 그는 한 번도 노나라를 떠나지 않았다. 이에 누군가가 말했다. "당신은 왜 노나라를 떠나지 않는 거요?" 그러자 유하혜는 이렇게 대답했다. "올바른 도리로 섬기다보면 어디를 간들 세 번 쫓겨나지 않겠는가? 바르지 않은 도로 섬긴다면 구태여 부모의 나라를 떠날 필요가 있겠는가?"

노 희공僖公 26년(기원전 643년), 제나라의 군사가 노나라 서쪽 땅을 침범했다. 노나라 조정 대신들은 너 나 할 것 없이 결사 항전을 주장했지만 유하혜만은 상황을 주시하며 화친을 맺어야 한다고 주장했다. 결국 노 희공은 유하혜의 간언을 받아들여 제나라 군사들을 예의를 갖춰 깍듯이 대해 제 효공의 비위를 맞췄다. 덕분에 제나라 군사는 자발적으로 철수하였고 이로써 노나라는 전란의 화를 모면할 수 있었다.

야사의 기록에 따르면 어느 여름에 유하혜가 친구를 만나려고 외출했다가 갑작스런 소나기를 만나고 말았다. 억수같이 쏟아지는 소나기를 피해 황급히 낡은 사당 안으로 들어서던 유하혜는 그만 깜짝 놀라고 말았다. 젊은 여인이 벌거벗은 채 비에 젖은 옷을 말리고 있었던 것이다. 그는 황급히 몸을 돌려 사당을 나와 버드나무 아래에서 비에 흠뻑 젖은 채 소나기가 걷히기를 기다렸다. 후세 사람들은 이를 미담으로 삼아 '버드나무 아래서 도를 어지럽히는 짓을 하지 않았다'며 그의 인품을 두고두고 칭송했다.

적인걸狄仁傑은 당나라 병주幷州(지금의 산서성山西省 태원太原) 출신으로 명망 높은 양반 가문에서 태어났다. 적인걸이 젊은 시절에 과거에 급제하여 변주汴州(지금의 하남성河南省 개봉開封)의 판좌判佐로 임명되었을 때 마침 하남 지역의 관찰사로 부임한 염입본閻立本에게 누군가가 적인걸을 고소했다. 고소 사건을 재판하던 염입본은 사건의 진상을 캐본 결과 적인걸이 억울하게 중상모략 당했다는 사실을 발견했다. 뿐만 아니라 적인걸이 덕과 재능을 겸비한 뛰어난 인재라는 사실을 깨달았다. 그리하여 적인걸을 귀하디 귀한 보배와 같은 인물이라고 크게 칭송하며 병주幷州 도독부都督府 법조참군法曹參軍직에 천거했다.

당시 적인걸의 부모는 하양河陽(지금의 하남성 맹현孟縣)에서 살고 있었다. 적인걸은 부임지를 향해 가던 도중 태행산太行山에 오르다 문득 치솟는 고향에 대한 그리움으로 부모가 있는 고향 하양 쪽을 오랫동안 바라보았다. 이때 구름 한 조각이 외롭게 하늘 위를 떠도는 것을 보고 적인걸은 이렇게 탄식했다. "우리 어버이가 저 구름 밑에 계신다." 적인걸은 하염없이 고향 쪽을 바라보다 한 조각 흰 구름이 사라지고 나서야 발걸음을 옮겼다.

나라에 도가 없으면
자신의 주장을 가슴속에 감춘다

邦無道 則卷而懷之(방무도 즉권이회지)

공자께서 말씀하시기를 "사어史魚는 참으로 곧구나! 나라에 도가 있을 때도 화살과 같이 곧으며 나라에 도가 없을 때도 화살과 같이 곧도다! 거백옥蘧伯玉은 참으로 군자답구나! 나라에 도가 있으면 나아가 벼슬하고 나라에 도가 없으면 퇴직하여 자신의 주장을 거두어 가슴속에 감추는구나."라고 하였다.

거백옥의 이름은 원瑗으로 위 령공 시절의 유명한 대부였다. 거백옥은 인품이 고상하고 공명정대한 사람이었다. 위 헌공獻公·위 양공襄公·위 령공 등 세 군주를 차례로 보필하면서 현명한 인품으로 각국의 제후들에게 명성을 날렸다. 그는 공자의 가장 친한 친구 가운데 하나였다. 공자가 위나라에 들를 때마다 거백옥의 집에서 머물곤 했으

니 두 사람의 우정이 얼마나 돈독했는지 짐작하고도 남는다.

사어는 위나라 대부로서 종묘에 제사를 지내는 일을 맡고 있었다. 오래전부터 거백옥의 재능과 인품을 흠모하던 그는 수차례 위 령공에게 거백옥을 천거했으나 위 령공은 그의 말을 듣지 않았다. 이에 병든 몸으로 죽음을 앞두고 있던 사어는 자신의 시신을 이용해 위 령공에게 간언하기로 결심했다. 그는 아들에게 이렇게 유언을 남겼다. "난 조정에 몸담은 신하로서 거백옥을 천거하여 군주를 올바른 길로 인도하지 못했다. 그러니 죽은 뒤에도 예를 갖춰 장례를 치를 자격이 없다. 내가 죽거든 영당을 만들어 장례를 치르지 말고 시신을 창문 아래 두도록 해라. 아마 군주께서 이를 이상히 여겨 너에게 그 이유를 물을 테니 그때 가서 내 말을 전하도록 하라."

사어의 아들은 아버지의 유언에 따랐다. 과연 사어의 조문을 왔던 위 령공은 시신이 창가에 방치된 것을 이상히 여겨 자초지종을 묻자 사어의 아들은 아버지의 말을 그대로 전했다. 그제야 위 령공은 "과인의 잘못이로다."라고 자신의 잘못을 뉘우치며 거백옥을 중용하였다.

이 일을 전해 들은 공자는 사어와 거백옥을 칭송하며 위의 명언을 곁들였다.

　사안謝安은 동진東晉 시대 진군陳郡 양하陽夏(지금의 하남성 태강太康) 태생으로 동진 최대의 명문가 출신이었다. 그는 회계산會稽山에 집을 짓고 왕희지王羲之·지둔支遁 등과 어울리며 시를 짓고 술을 마시며 풍류를 즐겼다. 젊었을 때부터 재능과 식견이 뛰어나 조정에서 수차례 불러들였으나 매번 사양하고 초야에 묻혀 살기를 원했다. '나라에 도가 없으면 퇴직하여 자신의 주장을 거두고 가슴속에 감춰야 한다'는 이치를 잘 알고 있었기 때문이다.

　양주자사揚州刺史 유영庾永이 그의 평판을 듣고 몇 번이고 벼슬길에 나서기를 청했다. 이에 사안은 마지못해 한 달 남짓 관직에 있었지만 이내 사임하고 돌아와 버렸다. 당시 국내에서는 문벌 세력이 서로 다투고 북쪽에서는 전진前秦이 호시탐탐 기회를 노리고 있어서 상당히 정국이 어지러운 상태였기 때문이다. 그러다가 나이 마흔이 되던 해에 문벌 세력을 제압한 정서대장군征西大將軍 환온桓溫이 그를 조정으로 불러들였다. 이에 사안은 은둔 생활을 끝내고 마침내 그의 휘하에 들어가 이부상서吏部尙書의 요직에까지 올랐다. 그러나 환온이 제위를 넘보려 하자 이를 저지하였고 그 공으로 효무제孝武帝가 즉위한 후에는 재상이 되었다.

　당시 북쪽에서는 전진 왕 부견苻堅이 세력을 확장하고 있었는데 환온이 죽자 부견은 백만 대군을 이끌고 동진을 향해 남하하기 시작하였다. 이에 사안은 아우 사석謝石과 조카 사현謝玄 등을 앞세워 비수 淝水에서 전진 군을 무찌르고 대승을 거두었다.

역사적으로 사안과 같은 걸출한 인재들 중에는 천하가 혼란할 때는 벼슬에 나아가지 않고 은둔 생활을 즐기며 정국의 변화 추이를 지켜보다가 천하가 안정되고 나서야 벼슬길에 나선 이들이 많이 있다. 예컨대 제갈량도 시골에 묻혀 농사를 짓다가 나중에는 군사軍師가 되어 유비를 도와 혁혁한 공을 세우지 않았던가?

허물을 줄이고자 애쓰지만
잘 안 된다

欲寡其過而未能(욕과기과이미능)

거백옥遽伯玉이 공자에게 사자를 보내자 공자께서 사자에게 물었다. "선생님은 요즘 무엇을 하시는가?" 그러자 사자가 대답하기를 "선생님은 스스로의 허물을 줄이고자 애쓰지만 아직도 못하고 있습니다." 사자가 밖으로 나가자 공자께서는 칭찬하며 말씀하시기를 "훌륭한 사자로다, 훌륭한 사자로다."라고 하였다.

─────────────

거백옥은 겸손하고 신중한 사람으로 끊임없이 자신을 되돌아보고 반성할 줄 아는 사람이었다. 장자莊子는 이러한 거백옥을 칭찬하기를 '나이 예순이 넘어도 그 시대의 변화에 따라 자신을 변화시킬 줄 아는 사람'이라고 칭찬했다.

어느 날 위 령공이 애첩 남자南子와 함께 있는데 어디선가 수레

소리가 들려왔다. 그런데 수레 소리는 궁궐 문 앞에 이르러 홀연히 사라지더니 잠시 뒤 저 멀리서 다시 수레 소리가 들려오는 것이 아닌가? 이때 남자가 말했다. "아마도 거백옥의 수레가 지나갔나 봅니다." 이에 위 령공이 고개를 갸웃거리며 물었다. "그걸 어찌 아시오?" "무릇 군자란 자신의 사소한 몸짓에도 신중하고 조심하기 마련입니다. 수레 소리가 궁궐 문 앞에 이르러 갑자기 사라진 것은 수레의 주인이 마부에게 수레를 조용히 밀면서 끌고 가라고 명령했기 때문입니다. 요란한 수레 소리로 군주에게 폐를 끼칠까 걱정돼서 말입니다. 제가 듣자하니 거백옥은 고상한 인품을 가진 보기 드문 군자라고 했습니다. 분명코 방금 전에 지나간 사람은 거백옥이 틀림없습니다." 위 령공은 사람을 보내 연유를 살펴보니 과연 다름 아닌 거백옥이었다.

거백옥은 위 령공을 보필하여 위나라 정사를 돌보며 국력을 강화시켰다. 진나라의 대장 조간자趙簡子가 위나라를 침공하기 위해 첩자를 보내 염탐을 시켰다. 이때 염탐을 하고 돌아온 첩자가 이렇게 말했다. "거백옥이 위나라에서 정권을 쥐고 있는 동안은 침공하기가 호락호락하지 않을 것입니다." 이에 조간자는 위나라 공격 계획을 백지화시켰다.

지혜가 꼬리를 무는 역사 이야기

서한西漢대의 석분石奮은 본시 한 고조高祖 유방劉邦을 시중들던 보잘것없는 신분의 사람이었다. 그러나 천성이 예의 바르고 성실하여 유방의 총애를 받으면서 의전 행사와 문서 관리 일을 맡게 되었다. 그리고 훗날 유방이 천하를 통일하고 한漢나라 고조가 되자 석분은 출세를 거듭하게 되었다.

한 문제文帝 때에 이르러서는 태자를 가르치는 태자태부太子太傅라는 직책에 임명되었다. 그 후 자신이 가르친 태자가 효경제孝景帝로 즉위한 뒤에는 재상 직에 오르게 되었다. 석분의 네 아들 석건石建·석갑石甲·석을石乙·석경石慶도 각기 이천석의 봉록을 받는 지위에 오르게 되어 효 경제는 그를 '만석군萬石君'이라 부르기도 했다.

이렇듯 신분 상승과 더불어 만석군이라 불릴 만큼 부를 쌓았지만 석분은 처세 원칙을 바꾸지 않았다. 엄격하게 예와 규칙을 지켰고 혹시나 실수나 과오를 저지르는 일이 없는지 수시로 자신을 돌아보았다. 석분은 자식이 잘못을 저지를 때도 그냥 지나치는 법이 없었다. 보란 듯이 식음을 전폐하여 자식들이 스스로 잘못을 뉘우치도록 만들었다.

한번은 이런 일도 있었다. 석분의 막내아들 석경이 술에 취한 채 수레를 타고 집으로 돌아올 때였다. 석경은 술에 취한 나머지 수레에서 내리지도 않은 채 곧장 대문 안으로 들어섰다. 이에 석분은 그날부터 식음을 전폐하기 시작했다. 당황한 석경은 웃통을 벗은 채 마당에 엎드려 잘못을 빌었지만 석분은 노여움을 거두지 않았다. 급기야는 석씨 가문의 모든 형제들이 웃옷을 벗은 채 마당에 무릎을 꿇고 잘못을 빌게 되었다. 그러자 석분은 노기등등한 목소리로 이렇게 질책했다. "관직에 몸을 담고 있는 관리라는 이유 하나만으로 마을 어귀에 들어서도 수레에서 내릴 줄 모르고 거드름을 피웠더란 말이냐? 마을의 노인들이 수레를 피하느라 우왕좌왕하는데도 너는 거만스레 수레에 타고 있었으니 수레를 타고 대문 안까지 들어선 게 뭐 그리 대수로웠겠느냐?"

온 가족이 연거푸 잘못을 빌고 나서야 석분은 석경을 용서했다. 그 후 석씨 집안의 모든 사람들은 마을 어귀에 이르면 수레에서 내려 집까지 걸어서 갔다.

처음 시작하는 논어

4

망한 나라를
다시 세우고
끊어진 집안의
대를 잇는다

머리를 산발하고
옷섶을 왼쪽으로 여미다

被髮左衽(피발좌임)

공자께서 말씀하시기를 "관중管仲이 제 환공桓公의 재상이 되어 그를 보좌하여 제후를 규합하고 천하를 통일하였기에 백성들이 지금껏 그 혜택을 입고 있다. 만일 관중이 아니었다면 나는 머리를 산발하고 옷섶을 왼쪽으로 여미고 살 뻔하였다."라고 하였다.

———————

어느 날 공자는 자로와 자공과 함께 인과 덕에 대해 이야기를 나누다가 화제가 제 환공과 관중에게 옮아갔다.

공자가 말하기를 "제 환공이 여러 차례에 걸쳐 무력을 사용하지 않고 제후들과 동맹 관계를 맺을 수 있었던 것은 모두가 관중의 힘 때문이었다. 이는 바로 관중이 인과 덕이 있었기 때문이다."라고 하였다.

이에 자공이 반대 의사를 표시하며 말했다. "제 환공의 형이었던 공자

규糾는 제 환공과 왕위 다툼을 벌이다 제 환공의 술수에 넘어가 죽임을 당했습니다. 이때 관중은 소홀召忽과 함께 공자 규를 섬기던 가신이었습니다. 소홀은 공자 규를 따라 자살했지만 관중은 제 환공의 수하로 들어가 재상까지 하면서 구차한 목숨을 연명하였습니다. 이러할진대 어찌 관중을 인자라고 할 수 있겠습니까?" 그러자 공자가 말했다. "관중이 제 환공의 재상이 되어 그를 보좌하여 제후를 규합하고 천하를 통일하였기에 백성들이 지금껏 그 혜택을 입고 있다. 만일 관중이 아니었다면 나는 머리를 산발하고 옷섶을 왼쪽으로 여미고 사는 야만족으로 전락하고 말았을 것이다. 관중처럼 뛰어난 인재가 뭇사람처럼 사소한 절개를 지키려고 산 속에서 목을 베고 홀로 쓸쓸이 죽어가야 옳단 말이더냐?"

지혜가 꼬리를 무는 역사 이야기

　머리를 산발하고 옷섶을 왼쪽으로 여미는 것은 중원의 국가들이 주변 야만족들을 무시하며 사용하던 일종의 상징적인 표현이다. 관중은 혼신의 힘을 다해 제나라의 전반적인 제도를 개혁하여 부국강병을 이룩했다.

　한편 전국시대의 또 다른 개혁가였던 조나라 무령왕武靈王은 그 반대로 주변 야만국들을 본받아 나름대로의 개혁을 진행하여 국력을 강화시켰다. 어느 날 무령왕이 대신들에게 이렇게 말했다. "우리나라

동쪽에는 제나라와 중산국中山國이 있고 북쪽에는 연燕나라와 동호東胡가 있고 서쪽에는 진秦나라와 한韓나라가 있네. 우리가 분발하여 국력을 강화하지 않는다면 언제든지 침략을 당해 망하고 말 것이네. 그러기 위해서는 먼저 개혁을 해야 할 것이야. 과인 생각에는 먼저 복장부터 바꿔야 할 것 같네. 기다란 도포와 마고자는 일하거나 전투를 벌이는 데 너무 불편하니 차라리 북방의 야만족처럼 소매가 좁고 길이가 짧은 호복胡服을 입고 장화를 신는 게 나을 거야. 지금 당장 그렇게 바꾸고 싶은데 그대들 생각은 어떠한가?" 대신 루완樓緩과 비의肥義는 왕의 의견에 적극적으로 찬성을 표시했다.

그 다음날 무령왕은 자신의 개혁 의지를 직접 알리려는 듯 호복을 입고 조정에 나왔다. 대신들이 모두들 어안이 벙벙한 채 시큰둥한 반응을 보이자 무령왕은 먼저 자신의 숙부인 공자성公子成을 설득하기로 마음먹었다. 그래서 직접 공자성의 집으로 찾아가 호복이 말을 타거나 사냥을 할 때 얼마나 편하고 좋은지를 설명하며 끈질기게 설득한 끝에 마침내 공자성의 동의를 받아냈다. 그 다음날 공자성이 무령왕과 나란히 호복을 입고 나오자 대신들은 마지못해 무령왕의 개혁 방침에 따르게 되었다. 그 후 무령왕은 군사 개혁을 단행하면서 월나라의 군사력은 한층 더 강력해졌다.

학문적 수양이
찬란하다

斐然成章(비연성장)

공자께서 진나라에 계실 때 말씀하시기를 "돌아가라! 돌아가라! 나의 고장 젊은이들은 뜻은 높으나 일에는 서투르고 소홀하며 학문적 수양이 찬란하나 그것을 바르게 활용할 줄 모르는구나."라고 하였다.

────────────

어느 가을날 중병에 걸린 계환자가 가마를 타고 교외에 나갔다가 노나라 도성을 바라보며 탄식했다. "예전에 공자가 사구司寇직을 맡아 나라를 다스릴 때만 해도 우리 노나라가 번성했었는데 그를 내쫓고 나서는 나날이 쇠퇴의 길을 걷게 되었구나." 계환자는 고개를 돌려 아들 계강자를 향해 당부했다. "내가 죽고 나면 네가 군주를 보필하며 노나라의 국정을 돌봐야 할 것이다. 그러니 반드시 공자를 다시 노나라로 불러들여 그의 도움을 받도록 해라."

계환자가 죽자 계강자가 재상직을 이어받았다. 계강자는 장례를 치르자마자 공자를 불러들이려고 했으나 공지어公之魚가 만류하며 말했다. "노 정공定公께서도 한때 공자를 기용했으나 결국엔 좋은 결과도 얻지 못하고 주변 제후들의 비웃음만 샀습니다. 한데 이번에 그를 불렀다가 또다시 비웃음거리가 되면 어찌합니까?" 그러자 계강자물었다. "그럼 누굴 불러와야 한단 말이오?" 공지어가 다시 대답했다. "염유를 불러들이십시오."

그리하여 계강자는 사람을 보내 염유를 노나라로 불러들였다. 이에 염유가 노나라로 돌아갈 채비를 하자 공자가 말했다. "이번에 노나라로 돌아가면 염유는 크게 기용될 것이다." 공자는 이어서 마음속의 실망감을 감추며 이렇게 말했다. "돌아가라! 돌아가라! 나의 고장 젊은이들은 뜻은 높으나 일에는 서투르고 소홀하며 학문적 수양이 찬란하나 그것을 바르게 활용할 줄 모르는구나."라고 하였다. 옆에서 이 말을 들은 자공은 고향으로 돌아가고 싶어 하는 공자의 속마음을 헤아릴 수 있었다. 그리하여 염유를 배웅하며 이렇게 신신당부했다. "자네 노나라로 돌아가 중용되면 반드시 스승님을 모시러 와야 하네!"

─────── **지혜가 꼬리를 무는 역사 이야기** ───────

양웅揚雄은 자는 자운子雲으로 사천성四川省 성도成都 출신이다. 어린 시절부터 학문을 좋아하여 책이란 책은 모조리 섭렵하였는데 한

번 읽은 책은 잊어버리는 법이 없었다. 게다가 문장 실력까지 뛰어나서 명성을 날렸으나 말주변이 없는 데다 말을 더듬었다.

그가 지은 「장양부長楊賦」, 「감천부甘泉賦」, 「우렵부羽獵賦」 등은 사마상여司馬相如의 「자허부子虛賦」, 「상림부上林賦」와 풍격이 비슷하지만 문장의 수식은 훨씬 뛰어났다. 그야말로 학문적 수양이 뛰어나다고 할만 했다. 그의 「촉도부蜀都賦」는 성도의 수려한 경치와 풍부한 물산을 묘사했는데 화려하고 거침없는 표현력은 훗날 문단에 많은 영향력을 미쳤다. 그 밖에도 양웅은 우아하고 고상한 필치의 「태현太玄」, 「법언法言」 등 철학 작품도 남겼으며 날카로운 필치의 「해조海嘲」와 같은 산문도 남겼다.

후세 사람들은 양웅을 사마상여에 버금가는 문학가로 거론하며 화려하고 뛰어난 문장 실력을 칭송하며 한부漢賦의 거장으로 꼽았다.

한두 마디 말만 듣고
송사를 판결하다

片言折獄(편언절옥)

공자께서 말씀하시기를 "한두 마디 말만 듣고 송사를 판결하는 사람은 아마 중유밖에 없을 것이다."라고 하였다.

자로는 평소 소송에 대해 관심이 많았지만 실제로 알고 있는 지식은 그다지 많지 않았다. 그리하여 공자에게 물었다. "어떻게 해야 소송 안을 정확히 판결할 수 있습니까?" 그러자 공자가 이렇게 대답했다. "여러 사람에게 의견을 물어보고 증거를 기초로 해서 판결해야 한다." 이에 자로가 다시 물었다. "한쪽의 말만 듣고서 판결을 내려도 됩니까?" 그러자 공자가 말했다. "예로부터 소송 안을 판결할 때는 반드시 쌍방의 주장을 고루 들어야 한다. 즉 피고 측과 원고 측의 주장을 근거로 판결해야 한다. 아마도 한두 마디 말만 듣고 송사를 판결하

는 사람은 중유仲由(자로의 이름)밖에 없을 것이다." 자로가 다시 물었다. "그럼 나라에 소송 건수가 많은 게 좋습니까? 아니면 적은 게 좋습니까?" 공자가 대답했다. "성인은 정사를 돌볼 때 일을 다스리기보다는 백성의 마음을 다독이는 데 치중하는 법이다. 그리하여 백성들이 서로 사랑하고 공경하도록 하여 상대방에게 피해를 주거나 괴롭히려는 나쁜 마음이 생기지 않도록 미연에 방지할 수 있다. 이는 형법만으로는 다다를 수 없는 경지로 오로지 덕치德治에 의한 가르침으로만 가능하다. 소송을 처리하는 데는 나도 다른 사람과 마찬가지이지만 그보다는 백성들 사이에 소송하는 일이 일어나지 않도록 만들어야 할 것이다."

───────── **지혜가 꼬리를 무는 역사 이야기** ─────────

당唐 고종高宗 의봉儀鳳 원년(676년)에 적인걸狄仁傑은 대리승大理丞으로 임명되어 국가의 형법을 관장하게 되었다. 그는 한 치의 어긋남 없이 공명정대하게 일을 처리하여 대리승에 임명된 그해 일 년 동안 무려 일만 칠천여 명분의 소송 안을 해결했다. 적인걸은 두뇌가 명석하고 날카로웠으며 관찰력이 뛰어나서 불과 서너 마디 말만 듣고서도 정확하게 판결을 내릴 수 있었다. 그리하여 사람들로부터 공명정대한 명판관이라는 명성을 얻게 되었다.

어느 해 9월에 권선재權善才와 범회의範懷義라는 두 장군이 실수로 당 태종太宗의 왕릉인 소릉昭陵에 심어져 있던 측백나무 한 그루를 베어내고 말았다. 이에 노발대발한 고종은 당장에 두 장군을 잡아들여 목을 베라고 명령했다. 두 장군의 목을 베라는 왕의 교지를 받아든 적인걸은 다음과 같은 상주문을 작성하여 왕에게 바쳤다. "국가의 법률에 명시되어 있듯이 두 장군을 제멋대로 처형할 수 없습니다." 이를 보고 난 고종은 붉으락푸르락 하며 소리쳤다. "그들이 소릉의 나무를 베어내는 바람에 과인을 불효자로 만들었는데 어찌 용서할 수 있겠는가? 당장 목을 베도록 하라!"

그러나 적인걸은 눈썹 하나 까닥하지 않은 채 조리 있게 왕의 잘못을 짚어 나갔다. "예로부터 황제에게 직언을 올리는 일은 실로 어렵기 짝이 없는 일입니다. 오늘 결코 처형을 당할 만한 일을 저지르지 않았음에도 무고한 신하를 죽이려는 것은 법에 어긋나는 일입니다. 그리되면 앞으로 백성들이 어찌 법을 믿고 따르겠습니까? 또한 폐하께서 겨우 측백나무 한 그루 때문에 장군을 죽인다면 먼 훗날 후세 사람들이 폐하를 뭐라고 하겠습니까? 죽여서는 안 될 사람을 죽이는 것은 법의 신뢰를 깨뜨리는 일입니다. 소신은 후세 사람들의 평이 두려워서라도 폐하의 도에 어긋나는 명령을 따를 수 없습니다." 그제야 고종은 자신의 잘못을 깨닫고 두 장군의 사형을 철회하고 대신 변방으로 유배를 보냈다.

텅 빈 듯
아는 것이 없다

空空如也(공공여야)

공자께서 말씀하시기를 "나에게 지식이 있는가? 실상 나에겐 아무런 지식도 없다. 어느 시골 사람이 나에게 무엇을 물어본다 해도 난 그 물음에 대해 텅 빈 듯 아는 것이 없을 것이다. 다만 그 문제의 긍정적인 면과 부정적인 면을 고루 따져서 알려줄 따름이다."라고 하였다.

―――――――――

공자는 결코 자만심이나 오만을 부리지 않았다. 사람은 누구나 한계가 있기 때문에 이 세상의 모든 사물과 진리에 능통할 수 없다는 사실을 공자는 잘 알고 있었다.

어느 날 번지樊遲가 공자에게 농사를 짓는 방법을 물었다. 그러자 공자가 "나는 늙은 농부만도 못하다."라고 대답했다. 번지가 또다시 채소 기르는 방법을 묻자 공자는 또다시 "나는 채소를 가꾸는 늙은

농부보다 못하다."라고 대답했다.

번지가 자리에서 물러나자 공자는 탄식하듯 이렇게 말했다. "번지는 참으로 소인이로구나. 윗사람이 예를 중시하면 백성들이 감히 공경하지 않을 수가 없고 윗사람이 의를 중시하면 백성들이 감히 복종하지 않을 수가 없으며 윗사람이 신의를 중시하면 백성들이 감히 진실하지 않을 수가 없다. 그리되면 사방의 백성들이 제 자식을 교육시켜 달라고 포대에 싸서 데리고 올 텐데 무엇 때문에 농사를 지으려 한단 말이냐?"

공자는 농사일과 채소 가꾸는 일을 배우려고 했던 번지를 소인이라고 가차 없이 질책했다. 이로 미뤄 봐서 공자의 교육 사상과 교육의 목적은 바로 사회를 통치하고 이끌어가는 지식인과 리더를 양성하는 데 있었음을 알 수 있다.

───── 지혜가 꼬리를 무는 역사 이야기 ─────

혜능惠能과 신수神秀는 중국 선종禪宗의 정통을 5대째 이어가던 홍인弘忍의 수하에서 불도를 닦았다.

신수神秀는 어린 시절 출가하여 쉰여 세가 돼서야 홍인을 직접 만날 수 있었다. 당시 홍인은 불경을 강독하고 있었는데 신수는 그에게서 불도를 배우고 싶어 호북성湖北省 황매현黃梅縣의 동산사東山寺까지 그를 찾아갔다. 홍인은 신수에게 잡다한 잡일부터 맡겼지만 신수는 불평 한마디 없이 갖은 노력 끝에 홍인의 수제자가 되었다. 이런 그를 두고 홍인은 "내 제자 팔백 명 가운데 신수를 앞지를 사람은 아무도 없다."라며 칭찬을 늘어놓곤 했다.

홍인이 나이가 들어 다음 계승자를 지명할 때가 다가오자 동산사의 모든 스님들은 당연히 신수가 제 6대조로 지명될 것이라고 여겼다. 신수 역시 자신의 깨달음의 경지를 자랑하기 위해 다음과 같은 글을 지어보였다.

身是菩提樹   몸은 보리수요

心如明鏡臺   마음은 맑은 거울이라.

時時勤拂拭   늘 부지런히 닦아

莫使惹塵埃   티끌이 묻지 않게 해야 하리.

한편 어릴 때부터 땔나무를 캐서 생계를 이어가던 혜능 역시 홍인의 가르침을 받기 위해 동산사를 찾아왔다. 절에서 허드렛일이나 하는 일꾼에 지나지 않았지만 글을 읽지 못하면서도 제법 시를 지을 줄 알았다. 그런데 그가 홍인이 지은 글을 듣고서 이렇게 답 글을 지어보였다. "보리수라고 하는 깨달음의 나무는 본시 존재하지도 않으며 마음속의 맑은 거울 역시 애당초 있지도 않은데 어찌 먼지가 낀단 말인가?"

훗날 홍인은 신수의 진심어린 수행을 칭찬하며 큰 도를 닦을 수 있을 거라 칭찬하면서도 정작 혜능을 계승자로 지목했다. 이유가 왜였을까? 사실 신수는 겉으로 드러나는 수행만을 했기 때문인지도 모른다. 그저 윗사람들이 하는 대로 열심히 수행하면 깨달음의 경지에 이른다고 여겼으리라. 그러나 혜능은 선종에서 말하는 참된 진리를 이미 깨닫고 있었다. 즉 이 세상의 모든 것은 '공空'이라는 참선을 깨달았던 것이다.

살찐 말을 타고
가벼운 갖옷을 입다

輕裘肥馬(경구비마)

공자께서 말씀하시기를 "공서적公西赤이 제나라에 갈 때 살찐 말을 타고 가벼운 갖옷을 입었으니 내가 듣기에 군자는 궁핍한 이를 도와주고 부유한 이는 보태주지 않는다고 하였다."라고 하였다.

자화子華의 이름은 공서적으로 공자의 제자 가운데 제사와 빈객의 예에 능통했고 사람들과의 교류에도 일가견이 있는 사람이었다.

어느 날 공서적이 제나라 사신으로 떠나가게 되었다. 공서적의 친구였던 염유는 그가 없는 동안 홀로 남을 공서적의 모친이 걱정되어 공자에게 생활비를 보태줄 것을 간청했다. 그러자 공자는 "오냐, 쌀 여섯 말 넉 되를 갖다 주어라."라고 흔쾌히 승낙했다. 이에 염유가 "스승님, 여섯 말 넉 되는 작으니 좀 더 주시지요."라고 청했다. 그러자 공자는 "오냐, 열여섯 말을 주어라."라고 했다.

이에 염유는 공자에게 승낙도 받지 않은 채 덤을 얹어 육십 말을 갖다 주었다. 이 사실을 안 공자는 염유를 책망하는 대신 다음과 같이 훈계했다. "자화가 제나라로 떠날 때 좋은 말을 타고 좋은 갖옷을 입고 있었다. 그가 마음만 먹으면 얼마든지 그 어미를 봉양하고도 남음이 있다. 우리는 간절히 도움을 필요로 하는 사람을 도와줘야 한다. 공서적은 이미 부유한데 그를 도와줄 필요가 뭐가 있겠느냐?"

─── 지혜가 꼬리를 무는 역사 이야기 ───

서진西晉시대, 석숭石崇은 형주자사荊州刺史를 역임하는 동안 온갖 악랄한 수단을 동원하여 백성들의 고혈을 짜서 재물을 축적했다. 뿐만 아니라 외국의 사절이나 상인들이 형주를 지나갈 때면 관군을 보내 협박하여 통행료를 받아냈으며 심지어 버젓이 해적 노릇을 하며 돈과 재물을 갈취하였다. 그리하여 석숭은 당대 최고의 부자가 될 수 있었다.

낙양으로 돌아온 석숭은 진 무제武帝의 외삼촌인 왕개王愷가 부자로 유명하다는 소문을 듣고 누가 더 부자인지 그와 겨루기로 마음먹었다. 그리하여 왕개와 석숭 사이에 부를 과시하는 뜨거운 경쟁이 펼쳐지게 되었다.

먼저 석숭은 왕개의 집에서 엿물로 솥을 씻는다는 말을 듣고 당장에 부엌의 아궁이에 땔감 대신 밀랍으로 불을 때게 했다. 이 소문이 퍼지자 사람들은 석숭이 왕개보다 한 수 위라고 입을 모아 수군거렸다. 이에 왕개는 석숭의 코를 납작하게 만들기 위해 자기 집 대문 골목 사십 리 거리를 당시 무척이나 값이 비쌌던 붉은색 비단으로 병풍을 쳤다. 물론 잠자코 있을 석숭이 아니었다. 그는 이에 질세라 붉은색 비단보다 더 비싼 비단으로 오십 리 거리를 병풍으로 꾸몄다. 왕개보다 훨씬 화려하고 아름다운데다 길이도 더 길었으니 사람들은 역시 석숭이 한 수 위라고 치켜세웠다.

진 무제는 자신의 외삼촌이 열세에 몰리는 것을 보고 도와주기 위해 길이가 이 척이나 되는 산호를 선물로 하사했다. 대단히 아름답고 진귀한 보물이 아닐 수 없었다. 이에 의기양양해진 왕개는 자랑하기 위해 일부러 석숭을 초대했다. 그런데 이게 웬일인가? 석숭은 바로 그 자리에서 막대기로 산호를 산산조각 내버리는 것이었다. 이에 왕개가 노발대발하며 분노를 터뜨리자 석숭은 태연하게 이렇게 대답했다. "그만 화를 푸십시오. 제가 배상해드리면 될 게 아닙니까?" 그러고는 하인을 시켜 자신의 산호를 갖고 오게 했다. 석숭은 높이가 사 척에 달하는 산호 예닐곱 개를 내놓으며 왕개에게 하나 고르라고 했다. 이에 기가 죽은 왕개는 자신의 패배를 인정할 수밖에 없었다.

위풍당당한 왕의 외삼촌을 납작코로 만들었으니 석숭이 어느 정도로 부유했는지 짐작하고도 남을 것이다. 그러나 이처럼 부유하고 사치스러운 생활은 얼마 가지 못했다. 변란이 일어나서 죽음을 맞이하게 된 석숭은 이렇게 한탄했다. "모두들 내 돈이 탐나서 이렇게 나를 죽이려는 게 아니더냐?" 그러자 그를 죽이려던 군졸이 말했다. "돈 때문에 죽게 될 줄 알았다면 진즉에 사람들한테 돈 좀 나눠주지 그랬소?" 이에 할 말을 잃어버린 석숭은 조용히 형장의 이슬로 사라졌다.

자신의 목숨을 바쳐
인을 이룬다

殺身以成仁(살신이성인)

공자께서 말씀하시기를 "지사志士와 어진 사람은 살기 위해서 인仁을 해치는 일이 없으며 오히려 자신의 목숨을 바쳐 인을 이룬다."라고 하였다.

자로가 위衛나라 대부 공회孔悝의 가신이 되어 관직을 맡고 있을 때였다. 일찍이 위나라의 왕 령공에게는 남자南子라는 애첩이 있었다. 태자 괴외蒯聵는 부도덕한 남자를 죽이려다 결국엔 다른 나라로 쫓겨나고 말았다. 령공이 죽고 나서 남자는 자신의 아들 영郢을 왕으로 세우려 했으나 영은 이를 거절하고 태자 괴외의 아들 첩輒에게 양보하였다. 이렇게 하여 괴외의 아들 첩이 위나라 왕이 되었는데 바로 위 출공出公이다.

그런데 출공은 즉위한 지 12년이 지났는데도 망명한 아버지 괴외를 불러들이지 않았다. 아버지에게 왕위를 내놓기 싫었던 것이다. 바로 이때 괴외가 대부 공회를 협박하여 반란을 일으켰다. 이에 공회가 군사를 일으켜 출공을 내쫓고 괴외가 왕위를 계승했는데 그가 바로 장공莊公이다.

이처럼 위나라에 반란이 일어났을 때 마침 자로는 성안에 없었다. 나중에 소식을 듣고 출공을 구하기 위해 달려오는 길에 자로는 마침 자고子羔를 만날 수 있었다. 자고 역시 공자의 제자로 위나라 대부였다. 자로가 물었다. "반란이 일어났다는데 자네 지금 어딜 가나?" 그러자 자고가 말했다. "이미 늦었네. 대왕은 달아나고 성문도 굳게 닫혔네. 어서 도망가세. 여기서 어물거리다가는 반란군에게 잡히고 마네." "나라의 봉록을 먹는 자가 어찌 이런 환난을 보고 도망칠 수 있단 말인가?" 자로는 혼자서 성으로 달려갔다. 그때 마침 다른 나라에서 온 사자가 성으로 들어가는 중이라 성문이 열려 있었다. 자로는 사자 일행을 따라 성 안으로 들어갈 수 있었다. 자로가 바라보니 왕위에 오른 괴외는 공회와 함께 높은 누각 위에 올라가 있었다. 이에 자로가 큰 소리로 외쳤다. "태자께서는 어찌 공회를 위협하십니까? 설사 태자께서 공회를 죽인다 해도 또 다른 사람이 나서서 태자와 대항할 것입니다." 그래도 괴외가 공회를 내주지 않자 화가 난 자로는 누각을 불사르려고 했다. 이에 위협을 느낀 괴외는 휘하의 장수 석걸石乞과 호염壺黶을 시켜 자로를 베어 죽이라고 명령하였다.

자로는 몸집이 큰데다 용감무쌍했지만 나이도 먹은 데다 한꺼번에 덤벼드는 군사를 상대하기엔 너무 힘이 부쳤다. 순식간에 온몸이 상처투성이가 되면서 문득 갓끈 한쪽이 반란군의 칼날에 끊기고 말았다. 이때 자로는 깊은 한숨을 내쉬더니 상대방의 공격을 저지시켰다. "잠깐! 군자는 죽을 때에도 갓을 벗지 않는 법이다!" 자로는 끊어진 갓끈을 다시 고쳐 맨 뒤 결국엔 반란군의 칼에 찔려 죽었다.

"자로가 용맹이 지나쳐 제명까지 못 산다."라고 했던 공자의 말이 맞아떨어진 셈이었다. 자로는 공자의 제자들 가운데 가장 용맹스러운 사람이었다. 그는 '자신의 목숨을 바쳐 인을 이룬다'는 가르침을 몸소 실천으로 보여주었다.

─────────── **지혜가 꼬리를 무는 역사 이야기** ───────────

유방이 항우를 격파하고 한 고조로 즉위하기 직전의 일이다. 제나라 왕 전횡田橫은 한신韓信에게 습격당한 분풀이로 화친을 맺으러 온 유방의 사자 역식기酈食其를 삶아 죽여 버렸다. 그 뒤 유방이 즉위하자 보복을 두려워한 그는 부하 오백 명과 함께 발해만의 섬으로 도망쳤다.

고조는 전횡의 삼 형제가 일찍이 군사를 일으켜 제나라를 평정했고 백성들 사이에서도 명망이 높아 지식인이 그들 수하로 자발적으로 모여들었다는 사실을 잘 알고 있었다. 그리하여 혹시라도 반란이 일어날까 두려워서 그를 용서하고 조정으로 불러들였다. 그리하여 전횡이 마지못해 유방이 보낸 사자들과 함께 낙양 근처 역참까지 왔을 때였다. 그는 목욕재계한 뒤 자신을 뒤따라온 문객들에게 이렇게 말했다. "당초 유방과 나는 각각 왕을 자칭하며 천하를 호령했거늘 이제 그는 천자의 자리에 올랐지만 나는 도망치는 포로 신세가 되고 말았다. 이보다 더한 수치가 어디 있겠느냐? 천자가 나를 불러들인 것은 그저 내 얼굴을 한 번 보고 싶어서였을 것이다. 이곳은 낙양에서 삼십 리 거리밖에 되지 않으니 내 수급을 들고 어서 가서 천자에게 보여주도록 하라." 말을 마친 그는 스스로 목을 베어 자결했다. 전횡의 수급을 받아 든 유방은 제후의 예를 갖춰 전횡의 장례를 치렀으며 전횡의 수급을 바친 두 사람에게 벼슬자리를 하사했다. 그러나 두 문객 역시 전횡의 묘 옆에서 자살하고 말았다.

이를 보고 전횡의 부하들이 한결같이 절개가 뛰어난 인재라는 생각에 유방은 전횡이 머물렀던 발해만의 섬으로 사람을 보냈다. 그러나 뜻밖에도 전횡의 죽음을 전해들은 부하 오백 명은 모두 바다에 뛰어들어 자결하고 말았다. 가히 '살기 위해서 인을 해치는 일이 없고 오히려 자신의 목숨을 바쳐 인을 이루는' 영웅들이라고 할 만했다.

망한 나라를 다시 세우고
끊어진 집안의 대를 잇는다

興滅繼絕(흥멸계절)

공자께서 말씀하시기를 "도량형을 통일하고 법률을 정비하고 폐지했던 관직과 제도를 다시 검토하여 알맞게 고쳐나가니 사방의 정치가 올바르게 행해졌다. 망한 나라를 다시 일으켜 세우고 대가 끊어진 집안은 다시 대를 이어주고 은자를 찾아 등용하니 민심이 다 돌아왔다. 그가 소중하게 여긴 것은 백성과 식량과 상사와 제사였다. 요컨대 관대하면 민중의 지지를 얻을 것이고 신의가 있으면 백성들이 그를 신임할 것이며 행동이 민첩하면 공훈을 세울 것이고 공평하면 백성들이 좋아할 것이다."라고 하였다.

제나라의 환공桓公은 관중管仲의 보필을 받으며 부국강병을 이룩했다. 제 환공이 관중에 묻기를 "이제 군사력도 막강한데다 식량도 넉넉하니 천하를 제패해도 되지 않겠소?" 이에 관중이 대답했다. "우리

가 무슨 자격으로 천하를 제패하겠습니까? 여러 제후국들처럼 우리도 주周나라 천자를 섬기는 제후국인데 누가 누구에게 복종을 한단 말입니까? 비록 주나라 천자가 힘을 잃기는 했으나 천자는 천자입니다. 그러니 군주께서는 먼저 주나라 왕실을 섬기면서 여러 제후들과 동맹을 맺으십시오. 여러 제후국들과 함께 힘을 합쳐 북쪽과 남쪽, 서쪽의 오랑캐들이 이곳 중원을 침범하지 못하도록 무찌르고 나면 군주께서는 원하지 않더라도 자동적으로 천하를 제패한 패주가 될 것입니다."

제 환공은 관중의 말을 따라 먼저 내란이 발생한 송나라를 도와 새로운 군주가 즉위하도록 했다. 그 다음에는 오랑캐의 침입으로 멸망해버린 형刑나라와 위衛나라를 오랑캐로부터 빼앗아 나라를 재건하도록 도와주었다. 제 환공은 이처럼 주나라 왕실을 깍듯이 섬기며 여러 제후국들과 단합하여 마침내 천하의 패주가 되었다.

──────── **지혜가 꼬리를 무는 역사 이야기** ────────

서한 말년에 황제의 외척이 득세하면서 나라는 혼란에 빠지고 백성들은 도탄에 허덕였다. 이때 한나라 왕실을 재건하는 막중한 책임을 진 몰락한 황족이 한 명 있었는데 바로 유수劉秀였다. 유수는 자가 문숙文叔이고 남양南陽 채양蔡陽 출신으로 한 고조 유방의 9세손이다.

왕망王莽이 왕위를 찬탈하고 황제를 자칭하며 신新나라를 세우자 농민 봉기가 폭발했다. 이때 유수는 기회를 틈타 형 유인劉縯과 함께 의병을 일으켜 녹림군綠林軍에 가담하였다. 유수와 유인 형제는 왕위를 찬탈한 왕망의 대역죄를 천하에 알리며 왕실 재건의 기치 아래 군사를 모아 왕망 정권을 타파했다. 그리고 한 왕실의 후손이었던 유현劉玄을 옹립했는데 바로 경시제更始帝였다. 그러나 얼마 지나지 않아 경시제는 유인과 유수가 황제의 자리를 놓고 그와 쟁탈할 것이 염려되어 핑계거리를 찾아 유인을 죽이고 말았다. 이 소식을 들은 유수는 유현에게 대적할 수 없는 현실에 묵묵히 수모를 참으며 목숨을 부지했다.

　왕망 정권이 붕괴된 후에 유현은 천하가 이미 평정되었다고 판단하고 유수의 요구를 받아들여 그를 소수의 병마와 함께 하북 지역으로 파견했다. 유수는 하북 지역에 도달한 후에 현지의 관료와 지주들의 지지를 얻는데 성공하여 독자적인 세력을 형성하는 기회를 얻게 되었다. 이에 그는 유현과 결별하고 농민 봉기군 백만여 명을 편성하여 세력을 키워나갔다.

　서기 25년 6월, 유수는 스스로 황제라 칭하고 낙양洛陽에 도읍을 정하였으니 바로 동한東漢, 즉 후한後漢이었다. 유수는 황제라 칭한 후에 적미군赤眉軍을 진압하고 각지에 할거하던 세력을 평정하여 서기 36년에 전국을 통일하였다. 재위 기간에 그는 아홉 차례나 명령을 공포하여 노비를 해방하고 노비를 잔혹하게 해치는 행위를 금지시켰다. 또한 죄인들을 석방하여 양민이 되게 하고 조세와 부역을 경감하였으며 구휼 정책을 펴고 수리 사업을 일으켰다. 사백여 개의 현縣을 통합하여 관리의 수를 줄였으며 중앙에는 상서尙書의 권한을 강화하고 지방에는 병권을 장악하고 있던 도위都尉를 폐지하여 중앙 집권적 정치 체제를 공고히 하였다. 유수는 죽은 후에 묘호를 세조世祖라 하고 시호를 광무제光武帝라 하였다.

책임은 무겁고
갈 길은 멀다

任重而道遠(임중이도원)

증자가 말하기를 "선비는 마음이 넓고 뜻이 굳세야 할 것이니 책임이 무겁고 갈 길이 멀기 때문이다. 인仁의 완성을 자기의 책임으로 삼아야 할 것이니 이 또한 무겁지 아니한가? 죽어서야 멈출 길이니 이 또한 멀지 아니한가?"라고 하였다.

─────────────

증삼曾參은 자가 자여子與이며 노나라 남무성南武城 출신이다. 공자가 일찍이 제자로 거두었던 증점曾點의 큰아들이다. 그는 공자가 천하의 제후국들을 돌아다니고 말년에 노나라에 돌아온 뒤에야 제자로 입문하였다. 그러나 이미 십사 년 전에 그의 아버지를 따라다니면서 공자의 가르침을 들었다.

증삼은 위나라에서 가난에 허덕이며 살았다. 항상 낡고 해진 옷

차림에 얼굴은 굶주림으로 말미암아 부종이 가라앉을 날이 없었고 고된 일로 손발에는 못이 박혔다. 삼사 일은 굶기가 예사였고 옷 한 벌을 십년 동안 입고 다닐 정도였다. 그럼에도 증삼은 자신을 수양하며 '하루 세 번 반성하는 것'을 잊지 않았다.

지금까지 전해오는 증삼의 작품으로는 『효경孝經』과 『대학大學』이 있다. 증삼은 공자의 손자였던 자사子思의 스승이었으며 자사는 증삼에게서 배운 바를 맹자에게 전수했다. 이로 보아 증삼은 유가 학파의 주요 전승자 가운데 하나임을 알 수 있다. 그리하여 후세 사람들은 그의 이름 끝에 '자子'를 붙여 증자曾子라고 존대했다.

증자는 무릇 뜻을 품은 자는 인仁의 완성을 자기의 책임으로 삼아야 한다고 여겼다. 그러한 책임은 막대하고 또 책임을 이루는 길은 참으로 멀기에 반드시 강인한 의지력을 길러야 한다고 강조했다.

─────────── **지혜가 꼬리를 무는 역사 이야기** ───────────

곽거병霍去病은 하동군河東郡 평양현平陽縣(지금의 산서성山西省 임분臨汾) 출신이었다. 무제武帝 위衛 황후의 언니 위소아衛少兒와 곽중유霍仲儒 사이에 태어난 사생아였다. 그의 외삼촌 위청衛青은 한나라의 대장군이었다.

서한西漢 초엽, 북방의 흉노匈奴족이 자주 침몰하여 나라를 어지럽혔다. 한 무제에 이르러 국력이 강해지자 무제는 흉노족을 토벌하기로 결정하였다.

　곽거병은 어려서부터 말 타기와 활쏘기에 능했을 뿐 아니라 성격도 담대하고 지략이 뛰어났다. 그리하여 불과 열여덟의 어린 나이에 한 무제의 시위侍衛가 되었다. 그리고 원삭元朔 6년(기원전 123년), 무제는 어린 곽거병을 표도교위驃挑校尉에 임명하여 팔백 명의 기병을 통솔케 하여 그의 외삼촌인 위청 대장군과 함께 출정시켰다. 곽거병은 침착하고 용맹스러운 성격과 뛰어난 무술로 흉노와의 싸움에서 혁혁한 공훈을 세워 관군후冠軍侯로 봉해졌다.

　그로부터 삼 년 뒤에는 표기장군驃騎將軍으로 임명되어 감숙甘肅 지역으로 출정하였고, 그해 여름 다시 북방으로 말머리를 돌렸다. 흉노족을 토벌하기 위해 무려 천리에 달하는 길을 누비며 동분서주했으니 참으로 막중한 임무이자 끝이 없는 길이었을 것이다. 그러나 곽거병은 당연스레 자신의 책임으로 무려 여섯 차례에 걸쳐 흉노족을 토벌하기 위해 출정했다.

　정예부대를 이끌고 적진 깊숙이 쳐들어가는 전법을 써서 한나라의 영토 확대에 지대한 공을 세워 위청과 함께 대사마大司馬가 되었으며 그 권세는 위청을 능가했다고 한다. 한 무제는 이러한 곽거병을 총애하여 관저를 지어 주었으나 곽거병은 이를 사양하며 이렇게 말했다.

　"흉노족을 아직 섬멸하지 못했는데 집이 무슨 필요가 있겠습니까?"

　그러나 안타깝게도 곽거병은 불과 스물네 살의 젊은 나이에 병으로 요절하고 말았다. 무제는 그의 죽음을 크게 슬퍼하며 장안長安 근교에 미리 마련해 뒀던 자신의 무덤 무릉茂陵 옆에 곽거병의 무덤을 만들어주었다. 그의 공훈을 기리기 위해 일찍이 곽거병이 대승리를 거둔 기련산祁連山(지금의 천산天山)의 형상을 본떠 무덤을 만들었다.

학문이 차츰
높고 깊은 경지에 이른다

升堂入室(승당입실)

공자께서 말씀하시기를 "중유(자로)는 어찌하여 나의 집에서 거문고를 타는가?"라고 하였다. 이 말을 듣고 다른 제자들이 자로를 공경하지 않게 되었다. 이에 공자는 타이르며 말했다. "자로의 학문은 대청에는 올라섰지만 아직 방안에는 들어오지 않았을 뿐이다."

공자의 명성이 천하에 퍼지면서 수많은 학생들이 몰려들었다. 자로는 그 가운데서도 성격이 강직하고 가장 용맹스러웠다. 자로는 공자를 따라 여러 제후국들을 돌아다니다 훗날 위나라 공회孔悝의 가신이 되었다. 자로는 효성이 뛰어나 부모를 극진히 섬겼으며 다른 사람이 잘못을 지적할 때면 즉각 잘못을 고쳤다. 공자의 제자들 가운데 유일하게 공자에게 직언을 아끼지 않는 제자였다.

어느 날 자로가 거문고를 타고 있을 때였다. 본시 성격이 호방하고 걸걸하던 터라 그가 타는 거문고 소리가 그다지 조화를 이루지 못했다. 이에 공자가 자로에게 "너의 거문고 소리가 너무 괴팍한 것이 도무지 내 제자답지 않구나."라고 말했다. 이 일로 제자들이 자로를 공경하지 않게 되자 공자는 제자들의 오해를 풀어주기 위해 "자로의 학문은 대청에는 올라선 수준이지만 아직 방 안에는 들어오지 않았을 뿐이니 절대로 그를 무시해서는 안 된다."라고 설명을 곁들였다. 제자들은 공자의 설명을 듣고 나서야 다시금 공경하는 자세로 자로를 대했다.

지혜가 꼬리를 무는 역사 이야기

동한東漢의 학자 정현鄭玄은 자는 강성康成으로 젊은 시절 시골 고향에서 세금 걷는 일을 도맡은 하급 관리로 일했다. 관리 생활이 싫었던 그는 아버지의 강력한 반대와 꾸지람 속에서도 학문에 대한 꿈을 접지 않았다.

그리하여 낙양으로 올라가 태학太學에 입학하여 공부를 계속했으며 장공조張恭祖로부터 『고문상서古文尚書』, 『주례周禮』, 『좌전左傳』 등을 배웠다. 그리고 마지막으로 마융馬融을 찾아가 그의 제자로 입문했다. 마융은 학문적 성취감에 자부심과 오만함이 대단했던 사람으로 무려 사백여 명이 넘는 제자를 거느리고 있었다.

때문에 정현은 그의 문하생이 된지 삼 년이 지나도록 단 한 차례밖에 마융의 얼굴을 보지 못했다. 마융은 수제자를 시켜 정현에게 학문을 가르쳤는데 정현은 이를 거리끼지 않고 밤낮을 지새우며 글공부에 몰두했다.

어느 날 마융이 여러 제자들을 모아놓고 학문을 논하는 자리에서 정현이 산술에 능하다는 말을 듣고 정현을 불렀다. 이때 모처럼 마융을 접할 기회를 잡은 정현은 그동안 자신이 궁금해 했던 질문들을 모조리 쏟아 놓은 다음 미련 없이 마융을 떠나갔다. 이때 뒤늦게나마 인재를 알아본 마융은 "나의 학문이 정현과 함께 동쪽으로 떠나는구나."라고 탄식했다고 한다.

정현은 고향으로 돌아온 뒤 연구와 교육에 전력했는데, 그를 따르는 제자가 수천 명에 이르렀다. 그러나 그의 나이 마흔네 살에 이르렀을 때 당시 사대부와 호족豪族들이 환관의 독재 권력에 반대하다가 종신금고終身禁錮에 처하는 '당고黨錮의 화'가 발생하게 되었다. 정현은 당고의 화에 휩쓸려 십사 년 동안 금고에 처해지는 데 그 기간 동안 저술에만 전념했다. 그리고 여러 경서에 주석을 달아 한漢대 경학을 집대성했으며 이는 훗날 정학鄭學으로 일컬어지게 되었다.

밤낮을 가리지 않고
세월은 이처럼 흘러가는구나

逝者如斯夫(서자여사부)

공자께서 흐르는 냇가에서 말씀하시기를 "**세월은 이처럼 흘러가는구나, 밤낮을 가리지 않고!**"라고 하였다.

공자는 매번 흐르는 강물을 볼 때마다 깊은 생각에 잠기며 크고 작은 깨달음을 얻곤 했다. 어느 날 공자가 교외를 거닐 때였다. 공자는 강가에 서서 한참동안 흐르는 물을 바라보다 말했다. "세월은 이처럼 흘러가는구나, 밤낮을 가리지 않고!"

공자는 왜 이처럼 흐르는 물에 관심이 많았을까? 한번은 안회顔回가 이에 대해 묻자 공자는 이렇게 설명했다.

"무릇 군자는 물을 덕德에 비유한다. 두루 베풀어 사사로움이 없으니 덕과 같고 물이 닿으면 생명의 젖을 먹은 것처럼 살아나니 인仁

과 같다. 그 낮은 데로 흘러가고 굽이치는 것이 모두 순리에 따르니 의
義와 같고 얕은 것은 흘러가고 깊은 것은 헤아릴 수 없으니 지智와 같
다. 백 길이나 되는 계곡에 다다라도 의심치 아니하니 용勇과 같고 가
늘게 흘러 보이지 않게 다다르니 살핌과 같으며 더러운 것을 받아도
사양치 아니하니 포용함과 같다. 혼탁한 것을 받아들여 깨끗하게 하
여 내보내니 사람을 착하게 변화시킴과 같다. 그릇에 부으면 반드시
평평하니 정正과 같고 넘쳐도 깎기를 기다리지 않으니 법도와 같고 만
갈래로 굽이쳐도 반드시 동쪽으로 꺾이니 의지와 같다. 이렇듯 물은
참된 군자와 같기에 우리가 처세의 도를 깨닫도록 도와주는 데 어찌
바라보지 않을 수 있겠느냐!”

지혜가 꼬리를 무는 역사 이야기

　공자처럼 흐르는 강물을 보며 “세월은 이처럼 흘러가는구나.”라
고 개탄한 사람이 있었는데 바로 제나라 경공景公이었다.
　어느 날 경공은 대신들을 거느리고 우산牛山 꼭대기로 나들이를
나갔다. 산 아래도 내려다보이는 도성을 바라보던 경공은 대뜸 눈물
을 흘리며 탄식했다. “내 나라가 참으로 아름답지 않으냐? 무성한 초
목들이 저처럼 싱그럽게 우거져 있는데 어찌 저것들을 버리고 강물처
럼 흘러가는 세월 따라 죽어야 한단 말이냐? 만약 예로부터 죽음이 없
었다면 내가 이곳을 떠나지 않아도 될 터인데!” 그러자 경공을 수행하

던 대신 사공史孔과 양구거梁丘據도 눈물을 흘리며 말했다. "저희들은 폐하께서 내려주시는 보잘것없는 음식을 먹고 아둔한 말과 작은 수레를 얻어 타고 살면서도 죽기를 바라지 않는데 하물며 대왕께서는 오죽 하시겠습니까?" 세 사람이 이러한 대화를 나누며 슬퍼하고 있는데 옆에서 안자晏子가 홀로 미소를 짓고 있었다.

경공은 눈물을 닦고서는 안자를 돌아보며 말했다. "오늘 나들이는 너무 슬퍼서 사공과 양구거도 모두 울고 있는데 그대는 어찌 홀로 웃고 있는가?" 그러자 안자는 이렇게 대답했다. "만약 예로부터 죽음이 없어서 현명한 사람들이 영원히 이 나라를 지킬 수 있었다면 태공太公이나 환공桓公이 지금까지 이 나라를 지켰을 것입니다. 만약 용기 있는 사람들이 이 나라를 영원히 지킬 수 있었다면 장공莊公이나 영공靈公이 지금까지 이 나라를 지켰을 것입니다. 이런 선대왕들이 이 나라를 계속해서 지키고 있었다면 아마도 대왕께서는 지금쯤 도롱이 입고 삿갓을 쓴 채 밭이랑 사이에서 농사일이나 하고 계셨을 것이니 죽음을 생각할 여유라도 있었겠습니까? 다시 말해서 대왕께서 오늘 지금의 지위에 오를 수 있었던 것은 무엇 때문입니까? 그것은 바로 죽음이 있었기 때문입니다. 역대 왕들이 대를 이어 왕의 자리에 오른 뒤 죽음을 맞이하여 하나둘씩 그 자리를 떠났기 때문에 왕께서도 지금의 군왕 자리를 차지할 수 있었던 것입니다. 그런데도 죽음 때문에 눈물을 흘린다면 이는 참으로 현명하지 못한 일입니다. 현명하지 못한 왕을 보고 저리 아첨하는 신하들을 보니 저절로 웃음이 나온 것입니다."

안자의 말에 부끄러움을 느낀 경공은 술잔을 들어 스스로 벌주를 마신 뒤 두 신하들에게는 두 잔씩의 벌주를 마시게 했다.

지나간 일은 어쩔 수 없지만
다가올 일은 잘할 수 있다

往者不可諫 來者猶可追(왕자불가간 내자유가추)

초나라 미치광이 접여接輿가 공자의 수레 옆을 지나가며 말했다. "봉황새여, 봉황새여! 어찌 덕이 그리도 쇠하는가? 이미 지나간 일은 어쩔 수 없지만 앞으로 다가올 일은 잘 할 수 있다네. 그만둬라, 그만둬라! 지금의 정치를 하는 자들은 참으로 위태롭구나." 이에 공자가 수레에서 내려 그와 이야기를 나누고자 했다. 그러나 접여는 빠른 걸음으로 피해버려 공자는 그와 이야기를 나눌 수 없었다.

접여는 춘추시대 초나라의 은둔자이다. 스스로 농사를 지어 생계를 이어가면서 겉으로는 미친 척하며 관직에 나아가지 않았다. 그는 당시 사회상에 불만을 품고 일부러 머리를 잘라 산발하여 절대로 시류에 영합하지 않겠다는 결의를 드러냈다. 그리하여 사람들은 그를

'초나라 미치광이 접여'라고 불렀다.

공자가 여러 제후국들을 돌아다니다 초나라에 도착했을 때다. 미치광이 접여가 공자의 수레 옆을 지나가면서 노래를 부르며 공자를 질책했다. 『장자莊子 - 인간세人間世』에 보면 공자를 꾸짖는 접여를 좀 더 상세하게 묘사하고 있는데 다음과 같다. "봉황새야, 봉황새야, 너의 덕도 쇠했구나. 오는 세상 나 못 보고, 가는 세상 나 못 쫓네. 도道가 있을 땐 성인이 나와 정사를 도우시나, 도가 없을 땐 몸을 숨겨 명철보신明哲保身 하시는구나. 지금이야 형벌이나 면하는 게 고작이로구나. 새 깃보다 가벼운 복福을 잡는 사람이 아무도 없고 땅보다 무거운 재앙을 피하는 사람이 아무도 없네. 도덕으로 남을 대하는 일일랑 그만둬라, 그만둬라. 가시나무가 사방에 돋았으나 돌아서 가는 내 발은 찌르지 못하는구나."

지혜가 꼬리를 무는 역사 이야기

춘추시대 말년, 사광師曠이라는 유명한 악사가 있었다. 사광은 눈이 멀어 사람들은 그를 '맹신盲臣'이라고 불렀다. 전해오는 이야기에 따르면 그가 악기를 연주하면 그 소리가 얼마나 아름다웠는지 여물을 먹던 말이 먹기를 멈추고 고개를 들어 귀를 기울였으며 모이를 쪼아 먹던 새들이 날개를 움츠리고 입에 물고 있던 모이를 떨어뜨릴 정도였다고 한다. 진 평공平公은 그의 뛰어난 재능을 높이 평가하여 음악을 담당하는 태사太師로 임명하였다.

당시 태사는 음악에 관한 문제를 주로 다뤘지만 국정에도 자주 참여를 했다. 특히나 사광은 음악뿐만 아니라 다방면에 재주가 뛰어났기에 진나라의 내정·외교·군사 등의 문제에도 간여했다. 또한 뛰어난 학식과 말재주로 진 평공으로부터 대단한 신임을 받았는데 왕은 그를 스승이자 친구처럼 대했다.

진 평공은 늘그막에 음악에 심취하게 됐는데 어느 날 사광을 불러 말했다. "내 나이 이미 일흔 살이 넘었는데 악기를 배우기에는 너무 늦은 나이겠지?" 사광은 총명하면서도 장난기가 많은 사람이었다. 그는 일부러 왕의 말을 못 알아들은 척 딴전을 피우며 말했다. "밤이 늦었다고요? 그럼 사람을 불러다 등불을 켤까요?" 그러자 진 평공은 화를 내며 말했다. "난 자네와 진지하게 대화를 나누고 싶은데 자넨 왜 자꾸 농담을 하는 건가?"

그제야 사광은 정중하게 대답했다. "저는 언젠가 이런 말을 들은 적이 있습니다. 어린 시절부터 부지런히 공부하는 사람은 이제 막 솟아오르는 아침 태양처럼 앞날이 창창하고 중년에 공부를 시작하는 사람은 정오에 내리쬐는 태양처럼 비록 반나절밖에는 그 빛을 내리쬘 수 없지만 무척이나 강렬한 빛을 머금는다고 했습니다. 노년에 이르러서야 공부를 시작하는 사람은 촛불과 같아 감히 태양빛과는 견줄 수 없겠지만 깜깜한 어둠 속에서 앞을 못보고 헤매는 것보다는 천 배 만 배 낫다고 생각합니다!"

사광의 비유에는 바로 '이미 지나간 일은 어쩔 수 없지만 앞으로 다가올 일은 잘할 수 있다'는 심오한 철학이 담겨 있었다. 이를 깨달은 진 평공은 고개를 끄덕이더니 그날부터 악기를 배우기 시작했다.

처음 시작하는 논어

5

아랫사람에게
묻기를
부끄러워하지
말라

추구하는 길이 다르면
함께 일을 도모하지 말라

道不同 不相爲謀(도부동 불상위모)

공자께서 말씀하시기를 "추구하는 길이 다르면 함께 일을 도모하지 말라."고 하였다.

공자는 이른바 친구를 사귈 때는 무엇보다도 도덕을 중시해야 한다고 여겼다. 즉 추구하는 길이 같으면 친구가 될 수 있지만 추구하는 길이 다르면 함께 일을 도모해서는 안 된다고 강조했다. 서로 추구하는 목표가 같으면 실천 방법 역시 비슷하다. 그리되면 쉽게 의기투합할 수 있어서 서로 간에 즐거운 시간을 보낼 수 있고 상대방의 인물 됨됨이를 훤히 꿰뚫어 보기 때문에 헛소문이나 악담에도 서로를 오해하는 일이 없다. 이렇듯 목표가 같으면 상대방에게 유익한 도움을 주며 함께 미래를 창조할 수 있지만 반면에 각자가 추구하는 목표가 다

르면 자연스레 헤어지기 마련이다.

노 애공哀公 6년(기원전 489년), 공자가 진陳나라에 머물다 채蔡나라로 옮겨왔을 때 이미 채나라는 초楚나라의 속국이 되어 있었다. 주권을 상실한 일개 속국으로 변하자 수많은 은둔자들이 생겨났다. 은둔자들은 이미 자신들의 나라는 망했기 때문에 적국의 나라로 변한 땅에서 벼슬을 할 수 없다고 여긴 것이다.

미치광이 접여가 바로 그 대표적인 예이다. 그는 초나라의 신하가 되기 싫어서 거짓으로 미치광이 행세를 하며 세상을 숨어 살았다. 그는 한때 공자를 꾸짖은 적도 있었다. 공자는 중원의 유명 인물로서 그가 초나라로 옮겨온 것은 의롭지 못한 행동으로 도에 어긋난다고 여겼기 때문이다.

공자는 아마도 자신을 오해하고 있는 접여와 도덕과 이치를 함께 논하고 싶었을 것이다. 그러나 접여는 공자와는 추구하는 길이 다르다고 여겼기에 일부러 피하며 함께 이야기조차 나누지 않으려고 했다.

───────── **지혜가 꼬리를 무는 역사 이야기** ─────────

조조曹操는 동탁董卓을 살해하려다 실패한 뒤 허겁지겁 낙향했다. 동탁은 분노하며 조조를 잡아온 사람에게 상금을 내리겠다고 현상수배령을 내렸다. 결국 조조는 중모현中牟縣의 관문을 지키는 관군에게 잡히고 말았다. 이때 중모현령이었던 진궁陳宮은 동탁에게 거액의 현상금을 받을 수 있는 절호의 기회뿐만 아니라 현령의 직위까지 내던진 채 조조를 도와 몰래 도망쳤다. 진궁은 조조가 당시 정권을 장악하고 있던 군벌 세력을 몰아내고 한나라 왕실을 재건해줄 충신이라고 굳게 믿었기 때문이다.

조조와 진궁은 조조 부친과 의형제를 맺은 여백사呂伯奢의 집에 들렀다. 그러나 여백사가 술을 사러 나간 사이 부엌에서 돼지를 잡으며 하인들이 하는 말을 듣고 조조는 크게 오해하고 말았다. 급기야는 자신을 죽이려는 줄 알고 착각한 조조는 여백사의 일가족을 몰살하고 도주하였다. 그리고 도망치는 도중에 술을 사가지고 돌아오는 여백사와 마주치자 후환이 두려운 나머지 그마저도 잔인하게 죽이고 말았다. 이에 진궁은 조조를 꾸짖으며 말했다. "상대가 악의가 없다는 것을 알면서도 죽이는 짓은 의롭지 못하오!" 그러자 조조가 이렇게 말했다. "차라리 내가 세상 사람을 버릴지언정 세상 사람이 나를 버리게 놔두지는 않을 것이다." 차갑게 내뱉는 조조의 말에 진궁은 그만 전율하고 말았다.

그제야 '충신'이라고 여겼던 조조의 진면목을 확인한 진궁은 자신이 사람을 잘못 봤다는 사실을 깨달았다. 이에 '추구하는 길이 다르면 함께 일을 도모하지 말라'는 가르침대로 그는 그대로 조조를 버리고 떠나버렸다.

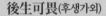

젊은 후배들은
두려워할 만하다

後生可畏(후생가외)

공자께서 말씀하시기를 "젊은 후배들은 두려워할 만하다. 장래에 그들이 지금의 우리를 앞서지 못하리라고 어찌 알 수 있겠는가? 그러나 나이가 마흔, 쉰이 되어도 세상에 이름이 나지 않는다면 두려워할 바 없느니라."라고 하였다.

공자가 동부 지방으로 유세 활동을 다닐 때였다. 우연히 형산荊山 부근에서 소년 세 명과 맞닥뜨렸다. 신나게 놀고 있는 두 아이 옆에서 혼자 외따로 떨어져 서 있는 아이를 이상히 여긴 공자가 물었다. "넌 왜 저 아이들과 함께 어울려 놀지 않는 게냐?" 그러자 소년이 대답했다. "서로 티격태격하며 시끄럽게 놀다보면 오히려 위험할 때가 많습니다. 몸을 다치지 않더라도 십중팔구 옷이 찢기거나 더럽혀질

텐데 전혀 도움이 되지도 않은 일을 왜 하겠습니까?"

잠시 뒤 그 소년은 진흙으로 성을 쌓아올리더니 그 위에 걸터앉아 공자의 수레를 막아섰다. 이에 공자가 물었다. "수레가 지나가지도 못하게 왜 막아선 게냐?" 그러자 소년은 당돌하게 대답했다. "수레가 사람을 피해간다는 말은 들어봤어도 사람이 수레를 피한단 말은 들어본 적이 없습니다."

공자는 할 수 없이 소년의 '토성'을 비켜 길을 에둘러갈 수밖에 없었다. 그러나 공자는 소년의 말이 참으로 의미심장하고 기특한지라 다시 돌아와 소년의 이름을 물었다. 그러고는 나이는 어리지만 상당히 영특하다고 칭찬을 늘어놓자 소년은 나이가 어리다는 말이 못마땅한 듯 이렇게 되묻는 것이었다. "제가 듣기에 물고기는 알을 깨고 나온 지 삼 일이면 강과 바다를 유유히 헤엄치고 토끼는 태어난 지 삼 일이면 이내 수십 평 너비의 땅을 뛰어다니며 말은 태어난 지 삼 일이면 어미 말을 따라다니고 사람은 태어난 지 삼 개월이면 어미와 아비를 구별할 수 있다고 했습니다. 이는 천지 만물의 자연스러운 현상이거늘 어찌 이리도 호들갑을 떠시는 겁니까?" 그러자 공자는 매우 놀라며 탄식했다. "오냐, 오냐. 내 이제야 어린 소년들이 참으로 무섭다는 걸 깨달았구나!"

오늘날 후생가외後生可畏는 총명하고 부지런한 차세대들의 무궁무진한 미래 가능성을 칭찬할 때 주로 사용하곤 한다.

중국 고대의 유명한 재녀 채염蔡琰은 자가 문희文姬로 동한 진류陳留 출신이다. 동한 시기의 대문호이자 서예가인 채옹蔡邕의 딸이었다. 채염은 미모가 뛰어났을 뿐만 아니라 악기와 그림·서예에도 탁월한 재능을 가지고 있었다.

당시 채옹은 고대 문헌을 연구하고 정리하는데 심혈을 기울이고 있었다. 그는 어느 날 밤에 피로해진 머리를 식히기 위해 기분 전환 삼아 거문고를 타고 있었다. 그런데 건너편 방에서 잠을 자고 있던 어린 채염이 거문고의 현이 끊기는 소리를 듣자마자 큰소리로 외치는 것이었다. "아버지, 방금 두 번째 현이 끊긴 거죠?" 채옹은 깜짝 놀라며 말했다. "네가 그걸 어찌 알았느냐? 그럼 이번에는 몇 번째 현이 끊기는지 알아맞혀 보렴." 채옹이 딸을 시험하기 위해 일부러 현 하나를 자르자 이번에도 채염은 정확하게 알아맞혔다. "방금 끊겨진 것은 네 번째 현이죠?" 그러자 채옹이 감탄하며 물었다. "너는 그걸 어찌 알아맞혔느냐?" 그러자 채염이 대수롭지 않다는 듯 대답했다. "알아맞히긴요? 그동안 아버지가 타는 거문고 소리를 듣다 보니 각 현마다 지니고 있는 제각각의 음률을 다 외우게 된 걸요." 그러자 채염이 탄식하며 말했다. "참으로 후생가외로구나. 이제 겨우 여섯 살에 불과한 네가 이토록 뛰어난 음악성을 지니고 있다니 말이다. 열심히 노력만 한다면 이다음에 훌륭한 음악가가 될 것이다."

아랫사람에게 묻기를
부끄러워하지 말라

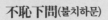

不恥下問(불치하문)

자공이 묻기를 "공문자는 어찌하여 '문文'이라고 일컫게 됐습니까?" 하니 공자께서 말씀하시기를 "명민하고 배우기를 좋아하며 아랫사람에게 묻기를 부끄러워하지 않았기 때문에 '문'이라고 일컬은 것이다."라 하였다.

위나라에 공어孔圉라는 대부가 있었다. 공어는 겸손한데다 총명했으며 끊임없이 배우기를 좋아하는 사람이었다. 그리하여 그가 죽은 후에 왕은 그에게 '문'이라는 시호를 내리자 후세사람들은 그를 공문자라고 불렀다. 이에 공자의 제자 자공이 이해가 안 된다는 듯 공자에게 물었다. "스승님, 공문자는 어찌하여 '문文'이라고 일컫게 됐습니까?"

사실 자공이 이렇듯 못마땅해 하며 질문을 한데는 나름대로 이유가 있었다. 위나라의 태숙질太叔疾은 당초 송조宋朝의 딸과 혼인을 하였다. 그러나 태숙질은 자기 부인보다는 처제를 더 사랑하게 되었다. 송조는 다름 아니라 위 령공의 첩이었던 남자가 처녀 시절부터 사랑하던 사람이었다.

훗날 령공의 뒤를 이어 왕위에 오른 출공은 남자를 왕비에서 폐위시키고 추문의 주인공이었던 송조를 국외로 쫓아버렸다. 그러자 공문자는 태숙질에게 송조의 딸인 아내를 버리고 자신의 딸과 혼인하라고 권유했다. 왜냐하면 태숙질은 장래가 촉망되었을 뿐 아니라 위나라의 명망가였던 대숙의자大叔懿子 가문의 후계자였기 때문이었다. 태숙질은 청을 받아들여 또 하나의 명문가인 공문자의 딸과 정략결혼에는 성공하였으나 오래전부터 사랑해오던 전처의 동생, 즉 처제를 잊지 못했다. 그래서 몰래 자신의 집에 데려다가 이중생활을 하기 시작했다. 이 사실을 알게 된 공문자는 분노를 터뜨리며 태숙질과 자기 딸을 이혼시키고 태숙질을 공격하려다 공자의 만류로 그만두었다.

이 일로 말미암아 사람들은 공문자를 인품이 낮은 소인이라고 치부하였다. 자공 역시 왜 공문자가 그러한 시호를 얻게 됐는지 이해할 수 없었던 것이다. 이러한 자공의 물음에 공자는 '명민하고 배우기를 좋아하여' 직위나 신분의 차이를 떠나서 배우기를 부끄러워하지 않았기 때문에 '문'이라는 시호를 얻게 되었다고 설명했다.

청나라 건륭乾隆 연간에 강소성江蘇省 오현吳縣에는 소문난 명의
가 있었는데 다름 아닌 엽천사葉天士였다. 당시 어느 산 속의 절에서
노老스님 한 분이 가난한 백성들에게 무료 의술을 베풀고 있었다. 이
소문을 들은 엽천사는 한아름의 선물 보따리를 챙겨서 노스님을 찾아
갔다. 그는 자신의 신분을 숨긴 채 스님에게 제자로 삼아 의술을 배우
게 해달라고 간청했다. 노스님은 의술을 배우려고 먼 길을 찾아온 젊
은이의 정성을 갸륵하게 여겨 제자로 거둬들였다.

노스님은 여러 가지 의술에 관해 설명하고 토론을 벌이면서 젊
은이가 의술에 깊은 조예를 갖추고 있다는 사실에 내심 놀랐다. 그러
던 어느 날 젊은이가 병자에게 처방해준 약을 살펴보던 노스님이 이
렇게 말했다. "음, 이 약의 용량을 보니 엽천사와 매우 흡사한 느낌이
드는구먼. 이보게, 자네는 오현 출신이라고 했는데 혹시 엽천사를 아
는가?" 그제야 엽천사는 자신의 신분을 밝혔다. 그리고 공손한 태도
로 노스님에게 의술을 배우기 위해 어쩔 수 없이 신분을 속인 것을 사
실 그대로 말했다. 그러자 노스님은 고개를 끄덕이며 감탄해마지 않
았다. "내 비록 잔재주를 갖고는 있으나 죽을 날이 얼마 남지 않은 늙
은이네. 자네처럼 겸손하고 배움에 부끄러움을 느끼지 않는 인재에게
무엇을 숨기고 감추겠나? 내가 아는 것은 전부 다 가르쳐줌세." 노스
님은 자신이 평생 동안 수집한 각종 비방과 오랜 세월 의료 시술을 통

해 얻은 경험을 전부 엽천사에게 전수했다.

그 후 십여 년 동안 엽천사는 열일곱 명의 스승을 찾아가 의술을 배웠다. 이렇듯 겸손함을 잃지 않고 상대방의 직위나 신분의 차이를 떠나서 배우기를 부끄러워하지 않았던 그의 태도는 우리에게 많은 가르침을 준다.

온당하게
죽지 못하다

不得其死(부득기사)

남궁괄南宮适이 공자에게 묻기를 "예羿는 활을 잘 쏘고 오奡는 천하장사라서 육지에서 배를 끌고 다녔으나 모두 온당하게 죽지 못했습니다. 그러나 우禹왕과 직稷은 몸소 농사를 짓고 살았음에도 천하를 얻지 않았습니까?"라고 했으나 공자께서 아무런 대답을 하지 않자 남궁괄이 밖으로 나가버렸다. 이때서야 공자께서 말씀하시기를 "**이 사람이야말로 참된 군자로구나! 이 사람이야말로 진정으로 덕을 숭상하는구나.**"라고 하였다.

하夏나라 계啓왕이 죽자 그의 아들 태강太康왕이 즉위했다. 태강왕은 어리석고 타락한 군주로서 정사는 뒤로 한 채 허구한 날 산과 들을 누비며 사냥하는 데만 정신이 팔렸다. 이렇듯 태강왕이 가무와 사냥에 정신이 팔려 백성들에게 고통을 안겨주는 사이 동쪽의 동이東夷

족은 점점 세력을 넓혀가고 있었다.

동이족 가운데는 여러 성씨의 부족들이 세력을 다투고 있었는데 그 가운데 용맹스럽고 신출귀몰한 활 솜씨를 가진 후예後羿가 우두머리였다. 후예는 여러 부족에서 힘세고 용맹스러운 젊은이들을 끌어모아 점점 세력을 확장시켰다.

그러던 어느 날 태강왕이 시종들을 거느리고 낙수洛水 남쪽 강변으로 사냥을 하러 갔을 때다. 사냥의 즐거움에 흠뻑 빠진 태강왕은 연속 석 달 이상을 그곳에 머물며 궁궐로 돌아갈 생각을 하지 않았다. 이는 후예에게는 절호의 기회였다. 후예는 군사들을 거느리고 살그머니 낙수 북쪽 강변에 진을 쳤다. 그러고는 포획물을 잔뜩 실은 채 의기양양하며 회궁하는 태강왕의 길목을 막아섰다. 뜻밖의 공격을 당한 태강왕은 겨우 목숨만 부지한 채 낙수 남쪽으로 달아나 유랑 생활을 하게 되었다. 이렇게 하여 정권을 장악한 후예는 스스로 왕을 자청하지 못하고 대신 태강의 아우인 중강을 꼭두각시 왕으로 내세운 뒤 뒤에서 조정했다.

그 후 중강이 죽자 후예는 왕을 보좌하여 정사를 돌보았다는 공훈을 내세워 스스로 왕위에 올랐다. 그러나 후예 역시 자신의 신출귀몰한 활솜씨에 도취된 채 사냥에만 몰두하며 정사는 자신의 심복이었던 한착寒浞에게 맡겼다. 그러나 누가 알았으랴? 한착은 이를 계기로 차츰 독자적인 세력을 구축하다가 후예가 사냥 나간 사이 그를 죽이고 왕위를 빼앗고 말았다.

수隋나라 양제煬帝 양광楊廣은 문제文帝 양견楊堅의 둘째 아들이었다. 그는 평소에 검소하고 인자하며 효성이 지극한 아들처럼 자신을 꾸미며 부왕의 총애를 독차지했다. 그리하여 음모를 꾸며 태자를 폐출시킨 뒤, 604년에 황제로 즉위할 수 있었다.

수 양제는 즉위한 후 강력한 국력을 뽐내며 사치스럽고 황음무도한 생활을 보냈다. 또한 자신의 힘을 과시하기 위해 대규모 토목공사를 일으켜 사회적으로 엄청난 피해를 입혔다. 결국 생존에 위협을 받던 백성들이 전국적인 규모로 봉기를 일으켰는데 『구당서舊唐書』 기록에 따르면 이때 의병을 일으킨 의병장만 해도 마흔여덟 명 이상이었다고 한다.

반란이 극심해지자 수 양제는 지금의 강소성 양주揚州인 강도江都로 도망쳤다. 강도로 온 수 양제는 더욱 황음무도해졌다. 중원의 반란이 더욱 심해지자 그는 아예 북쪽으로 돌아갈 생각마저 포기해버렸다. 그는 강도 지방관을 시켜 좋은 술과 음식, 그리고 미녀를 끊임없이 바치게 하여 미녀들과 잔치를 즐기며 하루도 술잔을 입에서 떼지 않았다.

그러한 가운데에서도 불안한 마음을 억누르지 못한 그는 문득 거울을 들여다보더니 황후에게 이렇게 말했다. "내 머리도 누군가가 자르겠지?"

수 양제는 비록 의병들의 칼날은 피할 수 있었으나 온당하게 죽음을 맞이하지는 못했다. 당시 수 양제를 따라 강도로 내려온 궁궐의 호위 병사들은 수 양제가 재기할 가망이 없다고 판단하였다. 이때 장군 우문화宇文化는 고향으로 돌아가고 싶어 하는 호위 병사들의 심리를 자극해 반란을 일으켜 수 양제를 시해하고 말았다.

귀신을 공경하되 멀리하여 현혹됨이 없다

敬鬼神而遠之(경귀신이원지)

번지樊遲가 지혜에 대해 묻자 공자께서 말씀하시기를 "백성이 마땅히 해야 할 도리에 힘쓰고 귀신을 공경하되 멀리하여 현혹됨이 없다면 지혜롭다고 말할 수 있다."라고 하였다. 이에 번지가 '인'에 대해 묻자 공자께서 말씀하시기를 "어려운 일을 먼저 행하고 그 이익을 얻는 일을 뒤로하면 인이라고 할 수 있다."라고 하였다.

공자는 독특한 귀신관을 갖고 있었다. 그는 귀신의 존재를 인정한다는 전제 아래 귀신을 공경하되 결코 가까이 해서는 안 된다고 주장했다. 이는 일상 생활이나 사회 활동에서 귀신보다는 사람의 일을 더 중시한 것과 일치한다. 비록 공자는 "귀신을 공경하되 멀리하여 현혹됨이 없어야 한다."라고 했지만 나름대로 귀신에 관해 상당한 연구

를 했다는 사실을 다음의 사례를 통해 알 수 있다.

어느 날 계환자가 하인을 시켜 집의 우물을 파다가 흙으로 빚은 항아리 하나를 발견했다. 항아리 안에는 양처럼 생긴 괴물이 있었다. 이에 계환자는 사람을 시켜 공자에게 물었다. "우물을 파다가 개 비슷한 것을 얻었는데 도대체 어찌 된 영문입니까?" 그러자 공자가 말했다. "내가 알기로 그것은 분양墳羊이 틀림없습니다. 산 위의 괴물은 기夔와 망랑蜩狼이고, 물속의 괴물은 용과 망상罔象이며 땅속의 괴물은 분양이라고 합니다."

또 한번은 이런 일도 있었다. 오吳나라의 왕 부차夫差가 월越나라의 왕 구천句踐을 칠 때 월나라 군을 회계산會稽山에 몰아넣고 포위 공격을 퍼부었다. 그때 오나라 군사가 산 속에서 큰 뼈 무더기를 발견하였다. 그런데 뼈마디 하나가 수레 하나에 가득 찰 정도로 엄청나게 컸다. 후일 오나라 사신이 노나라에 왔다가 공자를 만나 그 뼈의 정체에 대해 물었다. "도대체 무슨 뼈길래 그다지도 크단 말이오?" 그러자 공자가 말했다. "우禹임금에게 처형된 방풍씨防風氏의 뼈일 것이오."라고 설명을 하였다. 내용인즉슨 이랬다.

방풍씨는 거인 족으로 그의 나라는 지금의 절강성浙江省 지역에 있었던 것으로 추정되고 있다. 어느 날 우임금은 홍수를 다스리다가 물의 신인 공공共工과 다투게 되었다. 우임금이 자꾸 물길을 팠다가 다시 막다가를 반복해대자 물의 신 공공은 그만 화가 나고 말았다.

공공과의 전쟁이 불가피하게 되자 우임금은 회계산에 모든 신들을 집결시켰다. 긴박한 상황이라 시간을 엄수해야만 했다. 그런데 다른 신들이 모두 모여 있는데 한참을 기다려도 가장 가까운 지역에 있는 방풍씨가 나타나지 않는 것이었다. 한참이 지나서야 겨우 도착한 방풍씨를 보고 화가 머리끝까지 치민 우임금은 당장 무사를 시켜 참수형을 명하였다. 전쟁 상황인지라 일벌백계로 군기를 세워야 할 필요성이 있었기 때문이다.

그런데 사형을 집행하는 마당에서 한바탕 소란이 벌어졌다. 방풍씨는 키가 약 9미터에 달하는 거인인지라 망나니의 칼이 미치지를 않는 것이었다. 그래서 부랴부랴 높은 축대를 쌓고 그 위에 올라가서야 간신히 목을 베었다.

오나라 군사가 산 속에서 발견한 것이 바로 방풍씨의 뼈다귀였던 것이다. 공자의 설명을 듣고 난 오나라 사신은 그의 박학다식함에 고개를 끄덕이며 탄사를 늘어놓았다.

─── 지혜가 꼬리를 무는 역사 이야기 ───

당唐나라의 명신이었던 위원충魏元忠이 아직 명성을 날리지 않을 때였다. 집의 하녀가 밖에 나가 물을 길러 돌아와 보니 원숭이 한 마리가 부엌 아궁이 앞에서 그녀를 대신해 불을 지피고 있었다. 이에 소스라치게 놀란 하녀가 허겁지겁 달려 나가 그 일을 고하자 위원충은 대수롭지 않다는 듯 이렇게 말했다. "우리 집의 일손이 모자라는 것을 보고 그 원숭이가 찾아와 거들어주니 얼마나 좋은 일이냐?"

이런 일도 있었다. 위원충이 하인을 부르는 데 아무리 큰 소리를 외쳐도 대답이 없었다. 그런데 집에서 기르던 개가 대신 왕왕 짖는 것이 아닌가? 그러자 위원충은 이렇게 말했다. "참으로 기특한 개로구나. 나를 대신해 하인을 부르다니 말이다."

또 한 번은 위원충이 혼자 앉아 명상에 잠겨 있다 문득 눈을 떠보니 쥐 한 무리가 공손히 손을 내민 채 앞에 서 있는 것이 아닌가? 그러자 위원충은 "쥐들이 배가 고파서 먹을 것을 달라는구나."라고 말하며 하인들에게 먹을 것을 주도록 시켰다.

또 언젠가는 한밤중에 부엉이가 날아와 지붕 위에서 시끄럽게 울어댔다. 하인들이 활을 쏴서 내쫓으려고 하자 위원충이 만류하며 말했다. "부엉이는 낮에는 보이지 않기 때문에 밤에 나와 먹이를 찾는 것이다. 본시 조물주가 저렇게 만들어놓은 것을 저 부엉이를 쫓으면 어디로 간단 말이냐?"

그 일 이후로 위원충의 집에는 다시는 이상한 일들이 일어나지 않았다. 이렇듯 귀신을 공경하되 멀리하여 현혹됨이 없도록 한 위원충의 태도는 당시 문인들 사이에서는 찾아보기 힘든 사례라고 할 수 있을 것이다.

일에는 민첩하면서도
말을 삼가다

敏於事而愼於言(민어사이신어언)

공자께서 말씀하시기를 "군자는 먹음에 배부름을 구하지 않고 거처함에 편안함을 구하지 않으며 일에는 민첩하면서도 말을 삼가고 도가 있는 사람에게 나아가 자신의 잘못을 바로잡는다면 가히 배우기를 좋아한다고 말할 수 있다."라고 하였다.

─────────

공자는 '일에는 민첩하면서도 말을 삼가다'를 군자의 기본적인 태도로 여겼다. 그러나 사람마다 성격과 특성이 달랐기 때문에 굳이 강요하지는 않았다.

어느 날 염유가 공자에게 물었다. "마땅히 해야 할 일이 생겼을 때 즉시 행동해야 합니까?" 그러자 공자가 말했다. "즉시 행동으로 옮겨야 한다."

얼마 뒤 이번에는 자로가 똑같은 질문을 했다. "마땅히 해야 할 일이 생겼을 때 즉시 행동해야 합니까?" 그러자 이번에 공자는 이렇게 대답했다. "아비와 손윗사람이 있는데 묻지도 않고 즉시 행동해서야 되겠느냐?"

이에 제자들은 고개를 갸웃거리며 이해할 수 없다는 듯 물었다. "감히 묻겠습니다만, 스승님께서는 왜 똑같은 질문에 각기 다른 대답을 하시는 겁니까?" 그러자 공자가 설명했다. "염유는 걱정이 많고 우유부단하여 내가 일부러 격려해주기 위해 그리 말한 것이다. 반면에 중유는 매사에 과감하기에 자제할 필요가 있어서 그리 말한 것이다." 이로 보아 공자는 제자들을 가르치는 데서 융통성 있게 원칙을 적용했다는 사실을 알 수 있다.

─────── **지혜가 꼬리를 무는 역사 이야기** ───────

춘추시대 조간자趙簡子가 진양晉陽에서 한단邯鄲으로 도성을 옮기던 중 문득 수레를 멈추게 하였다. 수레를 몰던 관원이 그 이유를 묻자 조간자가 말했다. "동안우董安于가 아직 따라오지 못했다." 그러자 관원이 말했다. "삼군을 거느리고 행군하시는 분께서 어찌 한 사람 때문에 대군을 멈추게 하십니까?" 이에 조간자는 "자네 말이 옳네."라고 말하며 다시 행렬을 이끌고 가던 길을 계속 갔다. 그런데 백 걸음도 채 옮기기도 전에 조간자는 다시 행렬을 멈추게 했다. 바로 그때 뒤따라 도착한 동안우에게 조간자가 말했다. "진秦나라와 연결되어 있는 도로를 막아야 하는데 깜박 잊고 지시하지 못했소!" 그러자 동안우가 말했다. "바로 그 일을 처리하느라고 제가 좀 늦었습니다." 이에 다시 길을 재촉하던 조간자가 또다시 멈춰서며 말했다. "그런데 너무 바쁜 나머지 관청의 보물들을 싣지 못했소." 그러자 동안우가 말했다. "역시 그 일을 처리하느라고 제가 늦었습니다." 조간자는 다시 길을 재촉하다 또다시 멈춰서며 말했다. "촉과燭過는 훌륭한 분이어서 그분의 말은 모두가 나라의 법으로 삼을 만하오. 한데 내가 경황이 없어 작별 인사도 못한데다 새로 옮겨가는 도성으로 초빙하지도 못한 채 떠나왔소." 동안우는 다시 고개를 숙이며 말했다. "그 일을 처리하느라고 제가 늦었습니다."

그러자 옆에서 이를 모두 지켜본 주창周昌이 감탄하며 말했다. "조간자와 같은 임금이 있다면 그 나라의 조정은 절대로 위험하지 않을 것이요, 동안우와 같은 신하가 있다면 능히 그 임금을 빛낼 것이다."

그러나 이렇듯 일에는 민첩하면서도 말을 삼가던 충성스러운 가신은 안타깝게도 권력 투쟁의 희생물이 되고 말았다.

용맹스럽고
도의를 지키다

有勇知方(유용지방)

자로·증석·염유·공서화가 공자를 모시고 함께 앉았는데 공자께서 말씀하시기를 "내가 너희들보다 나이가 많기는 하지만 그렇다고 나를 어렵게 대하지는 말아라. 너희들이 평소에 말하기를 나를 알아주지 않는다고 하던데 만약 누군가가 너희들의 진면목을 알고 중용한다면 그때는 어떻게 하겠느냐?"라고 하였다. 그러자 자로가 경솔하게 대답하기를 "제후의 나라가 대국 사이에 끼여 견제를 받는 가운데 외세의 침략 속에 기근까지 겹친다 해도 제가 다스리게 되면 삼 년 안에 백성들을 용맹스럽게 만들고 사람들마다 도의를 지켜나갈 수 있도록 만들 수 있습니다."라고 하였다.

기원전 501년, 노 정공은 공자를 중도中道(지금의 산동성山東省 문상현汝上縣)의 지방관으로 파견했다가 그 다음 해에는 사공司空(국가의 대사

를 관장하는 국가 최고의 관직으로 주로 수리水利와 토목土木을 담당했다)직에 임명했고 그 뒤에는 다시 사구직에 임명했다.

당시 노나라는 제나라와 이웃하고 있었는데 약소국가인 관계로 제나라의 침략을 받아 적잖은 땅을 잃어버린 탓에 두 나라의 관계는 비우호적이었다. 그런데 공자의 치적으로 노나라의 국력이 나날이 강성해지자 제나라 대신 여서黎鉏는 제 경공에게 노나라와 우호 관계를 맺을 것을 간언했다.

그리하여 두 나라 정상이 협곡夾谷이란 곳에서 정상회담을 갖기로 했다. 이때 노 정공이 공자에게 협곡으로 갈 준비를 하라고 하자 공자는 이렇게 충고했다. "제나라는 수차례 우리나라 국경을 침범했습니다. 설사 이번 만남이 동맹을 맺기 위해서일지라도 반드시 만반의 준비를 갖춰야 합니다. 허니 호위병을 대동하십시오." 정공은 공자의 충고대로 호위병들을 거느리고 회담 장소에 나갔다.

제나라에서는 제 경공이 재상 안영晏嬰을 데리고 나타났고 노 정공은 재상 계환자와 공자를 데리고 나갔다. 두 나라 군주가 서로 마주 보고 인사를 한 뒤 술잔을 기울일 때였다. 대뜸 제 경공이 물었다. "오늘 두 나라 군주의 모임을 축하하기 위하여 음악을 연주할까 하는데 어떠합니까?" 이에 노 정공이 고개를 끄덕이자 오랑캐족들이 각종 깃발과 창·방패·칼을 휘두르며 회담 장소로 들어서는 것이었다. 이 광경을 보던 공자가 급히 단상으로 올라가서 정상회담의 장소에서 연주하기엔 적당치 않음을 지적하며 음악을 중지시키라고 요구하였다. 이에 연주가 중지되자 이번엔 제 경공이 궁중 음악을 연주할 것을 제안했다. 노 정공이 좋다고 하자 연주는 곧 시작되었다. 그런데 이번에는 울긋불긋 분장을 한 남녀 배우들이 저속한 몸짓과 재주로 노 정공을 웃기려 했다. 그러자 공자가 또다시 단상으로 올라가서 정중히 요청했다. "군주를 유혹하고 모독하는 저 놈들은 마땅히 목을 베어야 합니다." 그러고선 대동한 호위병사들을 시켜 목을 치게 했다. 순간 제 경공은 심한 부끄러움을 느낀 나머지 회담을 마치고 제나라로 돌아가자마자 자기를 제대로 보필하지 못한 신하들을 크게 꾸짖었다. 더불어 노나라로부터 빼앗은 땅을 돌려주며 회담 장소에서 있었던 무례를 노나라에 사죄했다.

이렇듯 '용맹스럽고 도의를 지키는' 공자 덕분에 노나라는 외교 전쟁에서 승리할 수 있었다

─────── **지혜가 꼬리를 무는 역사 이야기** ───────

남송南宋대 소흥紹興 3년(1161년), 여름이 저물어 갈 무렵 금나라 군이 군사를 일으켜 대대적인 침입을 감행했다. 북방 각 지역에서는 금나라에 항쟁하는 무장 봉기군들이 속속들이 들고 일어났다. 스물두 살의 신기질辛棄疾 역시 제남濟南 남부 지역에서 의병 이천 명을 소집하여 경경耿京이 이끄는 봉기군에 가담하여 서기書記일을 맡았다.

이때 신기질은 경경에게 군사상 남송과 연계하여 적을 공격할

것을 건의했다. 그리고 신기질은 사자의 임무를 띠고 건강建康으로 송 고종을 만나러 가게 되었다. 그러나 임무를 완성하고 돌아오는 길에 뜻밖의 비보를 접하고 말았다. 반역자 장안국張安國이 경경을 모해하고 일부 봉기군을 협박하여 금나라에 투항했다는 소식이었다.

신기질은 소식을 듣자마자 기병 오십 명을 거느리고 오만 군대가 지키는 장안국의 본영으로 쳐들어갔다. 마침 연회를 베풀고 있던 장안국은 그대로 신기질에게 잡히고 말았다. 신기질은 장안국을 끌고 만여 명의 봉기군을 앞세워 남송의 건강으로 돌아왔다. 남송 조정은 장안국을 처벌했고 이 일을 계기로 '용맹스럽고 도의를 지킬 줄 아는' 신기질은 남송에 머물며 중원의 통일이라는 이상을 이루기 위해 노력했다.

지나침은
모자람과 같다

過猶不及(과유불급)

자공子貢이 묻기를 "사師(자장의 이름)와 상商(자하의 이름) 중 누가 더 똑똑합니까?"라고 했다. 그러자 공자께서 말씀하시기를 "사는 지나치고 상은 모자란다."라고 했다. 그러자 자공이 "그러면 사가 더 낫습니까?"라고 묻자 공자께서 말씀하시기를 "지나친 것은 모자람과 같다."라고 하였다.

공자는 자장이 재능이 많고 포부가 너무 커서 매사에 과욕을 부린다고 여겼다. 반면에 자하는 매사에 지나치게 신중을 부리다보니 위축되어 제대로 일을 하지 못한다고 여겼다. 이는 성격이 한쪽으로 지나치게 치우쳤기 때문이며 또한 후천적인 학습을 통해 적절하게 교정하지 못한 결과였다. 그러나 자공은 공자의 말뜻을 제대로 이해하지 못한 채 지나친 것이 모자람보다는 낫다고 여기고 공자에게 되물

었다. 그러자 공자가 미소를 지으며 "지나침은 모자람과 같다."라고 대답했다.

이 말은 중용中庸에 대한 구체적인 설명이라고 할 수 있다. 『중용』에서 '중中'은 모자라지도 않고 한쪽으로 치우치지도 않으며 떳떳하고 변함이 없는 상태나 정도를 뜻한다. 즉 양극단을 피하고 마음의 평정을 이루는 것을 의미한다. 그리하여 공자는 중용의 대표적인 인물로 순임금을 칭송하며 이렇게 말했다. "순임금은 큰 지혜를 지니신 분이었도다. 순임금은 묻기를 좋아하시고 친근한 말로 살피시기를 좋아하시고 악함은 숨기시고 선함을 드러내시었다. 그 양 극단을 잡으시어 그 중간을 백성들에게 쓰셨으니 이것이 그가 순임금이 된 까닭일 것이다."

─── 지혜가 꼬리를 무는 역사 이야기 ───

북송 시대 장민張旻이라는 사람이 군사 훈련을 지휘하는 과정에서 너무 가혹하고 잔인한 처사로 말미암아 병사들이 쿠데타를 일으키고 말았다. 서둘러 쿠데타를 진압한 황제는 조정의 대신들을 모아놓고 일의 처리를 논의하였다. 대신들의 의견은 크게 두 가지로 나뉘었다. 하나는 당장 장민을 소환하여 성난 병사들의 마음을 다독여야 한다는 주장이었고 또 하나는 쿠데타에 참여한 병사들을 전부 색출하여 처단해야 한다는 주장이었다. 그러나 왕단王旦은 두 가지 주장에 모두 반대를 표시했다.

왕단은 당시 조정의 재상직을 맡고 있었다. 지위와 책임이 막강한 만큼 왕단은 사소한 일 하나를 처리하는 데서도 책임감을 갖고 대단히 신중하고 철두철미하게 처리했다. 황제는 이러한 왕단을 전적으로 신임하면서 오랫동안 재상으로 기용하여 국가의 대소사를 맡겼다.

한번은 황제를 알현하고 물러서는 그의 뒷모습을 멀찌감치 바라보며 "과인을 도와 태평성대를 이루어줄 사람은 왕단밖에 없도다."라고 탄식하였다. 이로 미뤄봐서 왕단에 대한 황제의 신임이 얼마나 두터운지 짐작하고도 남는다.

격렬한 의견 대립 속에서 왕단이 말했다. "이번 군란은 장민이 너무 가혹하게 병사들을 다뤘기 때문에 발생한 일입니다. 그러므로 지금 조정에서 어느 한쪽이든 간에 엄격하게 처벌한다는 것은 그다지 타당하지 않다고 생각됩니다. 예컨대 장민을 처벌하면 앞으로 병사들이 장군의 말에 복종을 하지 않게 될 것이고 반면에 쿠데타를 일으킨 병사들을 모조리 처벌한다면 전체 군사들이 반발을 사서 더 큰 위험을 자초하게 될 것입니다. 그러니 차라리 왕민에게 다른 관직을 하사하도록 하십시오. 폐하께서는 전부터 수차례 왕민에게 추밀원樞密院(군사에 관한 업무를 관장하는 중앙 기관)의 일을 맡기려고 하지 않으셨습니까? 이번 기회에 추밀원으로 옮기게 한 뒤 병권을 몰수한다면 병사들의 마음도 다독일 수 있을 것입니다."

황제는 고개를 끄덕이며 탄사를 내뱉었다. "왕단은 과연 재상감

이로다. 이토록 완벽하게 일을 처리하니 말이야!"

왕단은 문제의 요점이 되는 부분을 정확하게 파악했다. 그는 '과유불급'의 폐단을 잘 알고 있었기에 제아무리 심각하고 어려운 문제도 치우침이 없이 공정하고 간단하게 해결할 수 있었다.

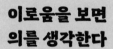

이로움을 보면
의를 생각한다

見利思義(견리사의)

자로가 성인에 대해 묻자 공자께서 말씀하시기를 "만약 장무중臧武仲의 지혜와 공작公綽의 욕심 없는 마음과 변장자卞莊子의 용맹과 염유의 재능을 갖춘 뒤 다시 예와 악을 더해 빛낸다면 성인이라고 할 수 있다."라고 하였다. 공자께서는 이어서 말씀하시기를 "오늘날 성인이 되는 것이 어찌 그렇기만 하겠느냐? 이로움을 보면 의를 생각하고 위태로움을 보면 목숨을 내어주며 오랫동안 곤궁에 처해도 평소의 말을 잊지 않는다면 이 또한 인격과 교양을 겸비한 성인이라고 할 수 있을 것이다."라고 하였다.

공자가 위의 명언에서 언급했던 장무중은 이름은 장손흘臧孫紇로 노나라 대부였다. 노나라에서 제齊나라로 도망쳐 온 뒤 그는 제나라 장공莊公이 군주의 자리에 그리 오래 머물지 못할 거라는 사실을

예측하고 장공이 하사한 작위를 사절했다. 과연 그의 예측대로 장공이 살해되면서 한 차례 변란이 발생했는데 장손흘은 연루되지 않고 살아남을 수 있었다. 한마디로 장손흘은 하나를 보면 열을 알 수 있는 크나큰 지혜를 가진 사람이었다.

맹공작은 노나라 맹손씨의 후손으로 탐욕이 없고 덕을 갖춘 사람이었다. 그는 대국의 말단 관직을 얻을지언정 소국의 대부 자리를 욕심내지 않았다. 이러한 청렴결백함은 이로움보다는 의를 중시한 결과였다.

변장자는 노나라 변읍卞邑의 대부로서 제나라가 노나라를 공격하고 싶어도 변장자가 두려워 섣불리 공격하지 못했을 만큼 대단히 용맹스러운 무사였다. 그는 또한 혈혈단신으로 호랑이 두 마리를 때려죽인 것으로도 유명하다. 그런데 그가 호랑이 두 마리를 때려죽인 방법은 아주 간단했다. 즉 호랑이 두 마리가 한쪽이 죽을 때까지 싸우도록 지켜보았다가 기진맥진 살아남은 나머지 호랑이마저 때려죽인 것이다. 이로 보아 변장자는 힘만 센 것이 아니라 지략까지 겸비한 진정한 무사였다는 것을 알 수 있다.

위의 세 가지 사례를 든 이후 공자는 오늘날의 시대적 요구에 부합하는 새로운 성인의 기준을 내세웠다. 이로움을 보면 의를 생각하고 위태로움을 보면 목숨을 내어주며 오랫동안 곤궁에 처해도 평소의 말을 잊지 않는다는 세 가지 기준이었다.

명대, 나윤羅倫은 강서성 영풍현永豐縣 사람이다. 명 헌종憲宗 성화成化 2년(1466년), 나윤이 회시會試를 치르기 위해 경성으로 올라가는 중이었다. 그의 종복이 우연히 어느 집 문 앞을 지나가다 땅바닥에 떨어진 금팔찌 하나를 주웠다. 그런 사실을 전혀 모르던 나윤은 길을 재촉하여 닷새가 지났을 때였다. 문득 노자가 부족하다는 사실을 깨닫고 나윤이 근심에 빠져 있을 때 종복이 다가와 금팔찌를 주은 사실을 고했다.

그러자 나윤은 불같이 노여워하며 당장에 금팔찌를 제자리로 돌려놓으라고 분부했다. 그러자 종복이 설득하며 말했다. "나리, 어차피 노자도 부족한데 잠시 이걸 팔아 여비로 쓰십시오. 돈이야 나중에 팔찌 주인을 찾아 갚아주면 되지 않습니까요? 게다가 그곳까지 되돌아가려면 닷새를 낭비해야 하는데 자칫 나리의 과거 시험을 그르칠 수 없습니다요."

그러나 나윤은 완강하게 고개를 가로저으며 말했다. "이 금팔찌는 누군가가 실수로 떨어뜨린 물건일 것이다. 어쩌면 금팔찌를 잃어버린 일로 크나큰 고초를 당하고 있을지도 모를 일이다. 내 과거 시험을 그르치는 한이 있더라도 엉뚱한 사람이 억울한 일을 당하도록 그냥 내버려둘 수는 없다."

그리하여 나윤과 종복은 허겁지겁 오던 길을 되돌아갔다. 과연 그 금팔찌는 팔찌를 주운 길 앞의 집주인 물건이었다. 그 집 하녀가 실수로 잃어버린 것을 주인은 하녀가 몰래 훔친 것으로 오해하고 채찍으로 처벌하였는데 마침 결백을 증명할 수 없었던 하녀는 자살하려던 참이었다. 다행히 나윤이 제때 그곳에 도착하여 금팔찌를 되돌려 준 덕분에 고귀한 생명 하나를 구할 수 있게 되었다.

　이렇듯 나윤은 이로움 앞에서도 먼저 의를 생각하였고 의롭지 못한 일은 과감히 내쳤으니 참다운 군자라고 불릴 만했다.

상대편에 대한
적절한 대우를 한다

季孟之間(계맹지간)

제나라 경공이 공자의 처우에 대해 말하기를 "내가 그대를 계씨와 같은
대우는 못하더라도 계씨와 맹씨 중간 정도의 적절한 대우는 해줄 수 있소"
그러나 경공은 후에 다시 말하기를 "생각해보니 나도 이제 늙어서 그대를
맞아들일 수 없겠소."라고 하였다. 이에 공자는 제나라를 떠나버렸다.

　공자가 서른다섯이 되던 해, 노 소공昭公은 계손季孫씨를 우두머
리로 권문세가에게 내쫓겨 제나라로 도망갔다. 이어서 노나라에 내란
이 발생하자 공자 역시 제나라로 옮겨왔다. 제나라에 도착한 공자는
제나라 대부 고소자高昭子의 집에서 임시로 머물렀다. 고소자의 인맥
을 활용해 제 경공에게 접근하여 그로부터 기용되기를 바랐던 것이다.
　일찍이 오 년 전 제 경공이 사냥을 하러 먼 길을 나섰다가 노나

라를 방문했을 때 공자와 만나 담소를 나눈 적이 있었다. 제 경공은 당시 공자의 학식과 인품에 상당한 호감을 표시했었다. 그리하여 제나라로 온 뒤에도 공자는 수차례 제 경공과 만나 담소를 나누곤 했다. 제 경공은 매번 공자를 만나면 정치를 돌보는 문제에 대해 묻곤 했으며 공자의 설명은 언제나 그의 호기심을 만족시켜주었다.

그리하여 제 경공은 공자에게 관직을 하사할 준비를 했는데 이 때 제나라 대부 안영晏嬰이 반대하며 만류하고 나섰다. 그는 공자와는 정치적 사상이 달랐기에 제 경공을 설득하며 말했다. "공자와 같은 유학자들은 허상만 쫓기 때문에 결코 믿을 만한 사람이 못됩니다." 그 뒤로 제 경공은 두 번 다시 공자를 찾지 않았다. 그러면서도 공자에 대해서는 전과 다름없이 깍듯하게 대하며 국빈 대접을 하려고 했다. 그러나 노나라에서 아무런 관직도 받지 못했던 공자를 어떻게 국빈 대접을 할 수 있겠는가? 그리하여 제 경공은 접대 책임자를 불러 말했다. "공자를 계손씨와 버금가는 대우를 하면 이는 너무 과하고 그렇다고 맹손씨와 똑같이 대접하면 너무 허술하니 아예 계손씨와 맹손씨 중간 정도의 대우를 하도록 해라!"

당시 노나라 삼 경卿은 직급별로 계손씨, 맹손씨, 숙손씨가 차지하고 있었다. 여기서 계손씨와 맹손씨의 중간급 대우는 바로 최상급 다음에 해당하는 대우였다.

진晉대 왕잠王湛은 자가 처충處沖으로 그의 아버지가 죽고 난 뒤 삼 년간 시묘살이를 끝내고는 묘소 옆에 움막을 짓고 기거하기 시작했다. 당시 유명 인사들과는 그다지 친분이 두텁지 못했으며 자신의 재능을 뽐내는 일도 없었기에 친척들 사이에서는 바보로 통했다. 그의 조카이자 진 무제武帝의 사위였던 왕제王濟는 매번 묘소를 참배할 때마다 왕잠에게 문안 인사 한 번 올린적도 없었고 왕잠 역시 그를 본체만체 했다.

그러던 어느 날, 그날도 묘소를 참배하던 왕제는 우연히 왕잠의 침상에 놓인 『주역周易』 책을 발견하고 깜짝 놀라지 않을 수 없었다. 그리고 이어서 왕잠과 더불어 이야기를 나누고 난 뒤에는 그의 깊은 학식과 언변에 입을 다물 수가 없었다. 본시 삼촌을 무시하며 조카로서 마땅히 갖춰야 할 예의조차 갖추지 않았던 왕제는 부끄러움을 느끼며 새삼 존경심을 품게 되었다.

과거 진 무제를 알현할 때면 진 무제는 왕잠을 비웃으며 이렇게 묻곤 했었다. "자네 그 바보 삼촌은 아직도 살아 있나?" 그럴 때마다 왕제는 말문을 잇지 못하곤 했었다. 그러나 왕잠의 진면목을 확인한 뒤 무제가 또다시 그러한 농담을 걸자 왕제는 정색을 짓고서 말했다.

"소신의 삼촌은 바보가 아닙니다. 뛰어난 재능을 갖추고 있는 인재입니다." 이에 무제가 놀라며 물었다. "인재라고? 가히 누구와 비교활 만한 인재란 말인가?” 그러자 왕제가 대답했다. “아마도 높은 산 봉우리보다는 낮겠지만 위서魏舒(당시 진나라의 권력가였던 대부)보다는 더 뛰어납니다.”

그 뒤, 왕잠은 왕제로부터 그 말을 듣고서는 웃으며 말했다. “그래 넌 이 삼촌을 ‘계씨와 맹씨 중간 정도’라는 식으로 평가했더란 말이냐?” 그러나 조카의 비유 덕분에 왕잠은 세상에 명성을 날리기 시작했고 스물여덟의 나이로 벼슬길에 오르게 됐다.

비록 옥중에 갇혀 있으나
그의 죄가 아니다

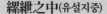

縲絏之中(유설지중)

공자께서는 공야장을 가리켜 말씀하시기를 "아내를 삼을 만하다. 비록 옥중에 갇혀 있으나 그의 죄가 아니다."라고 하며 자신의 딸을 공야장의 아내로 삼게 했다.

───────────

공야장은 이름이 장長이고 자가 자장子長이다. 춘추시대 제나라 사람이지만 노나라 사람이라는 설도 있다. 가난한 집안에서 자랐지만 근검절약하고 총명하여 학문과 예법에 능통하여 공자의 일흔두 명 제자 가운데 한 명으로 꼽혔다. 특히나 그는 덕과 재능을 겸비하여 공자가 상당히 총애하던 제자였다.

전해 내려오는 이야기에 따르면 공야장은 새의 말을 알아들을 수 있었는데 이 때문에 억울한 옥살이를 하게 되었다고 한다. 공자는 제후의 폭정에 불만을 품은 데다 공야장이 억울한 옥살이를 하게 된 데에 안타까움을 표시하며 이렇게 말했다. "내 딸을 그에게 시집보낼 만하다. 비록 옥중에 있으나 그의 죄가 아니다."라고 하며 자신의 딸을 공야장의 아내로 삼게 했다. 공야장은 결혼한 후 자리子犁와 자경子耕 두 아들을 얻었는데 자리는 일찍 죽고 말았다.

공야장은 평생 동안 제자들을 가르치는 데 전념했다. 노나라 군주가 수차례 그에게 관직을 하사하여 조정으로 불러들이려고 했으나 공야장은 완강히 사양했다. 그는 공자의 유지를 받들어 제자들을 교육시키고 인재를 양성하는 데 평생을 바쳤다.

──────── **지혜가 꼬리를 무는 역사 이야기** ────────

한漢대 말엽 왕윤王允은 당시 정권을 장악하고 있던 군벌 세력 동탁을 계책을 세워 살해했다. 그러자 채옹蔡邕이 동탁의 시체를 끌어안고 통곡을 했다. 이유인즉슨 이랬다.

동탁은 비록 폭정을 일삼아 백성들을 핍박했지만 한편으로는 훌륭한 업적을 세워 후세에 길이 이름을 남기고픈 욕심이 있었다. 그리하여 천하 인재들을 모으는데 박차를 가했는데 그 첫 번째 대상이 바로 환관의 농간으로 삭탈관직 당한 채옹이었다. 채옹은 동탁의 부름을 거절했으나 청을 거역하면 가족을 몰살시키겠다는 위협에 못 이겨 입성했다.

동탁은 채옹을 발탁한 뒤 파격적인 인사 조치를 통해 그의 벼슬을 하루 사이에 무려 세 차례나 진급시켜 시중으로 삼았다. 뿐만 아니라 채옹이 최대한의 능력을 발휘할 수 있도록 배려도 아끼지 않았다. 이처럼 개인적으로는 동탁으로부터 후한 대접을 받았기에 채옹은 그토록 동탁의 죽음을 애달파 했던 것이다.

이 일은 금세 왕윤의 귀로 들어갔다. 왕윤은 분노를 터뜨리며 당장에 채옹을 감옥에 가두었다. "동탁은 한 왕실을 뒤엎어 위험에 빠뜨린 도적이다. 채옹은 이 나라의 대신으로서 마땅히 철천지원수를 대하듯 동탁을 적대시해야 옳다. 한데 감히 사사로운 정에 얽매여 그의 죽음을 슬퍼하다니 이는 곧 채옹 역시 동탁과 한통속이라는 증명이 아니고 뭐겠는가?"

채옹은 옥중에 갇힌 몸이 되었으나 자신의 안위보다는 역사책을 저술하고 있던 일이 더 걱정스러웠다. 그는 자신의 일을 완성시키고 싶은 마음에 이마에 죄인이라는 문신을 새기고 두 발을 자를지언정 목숨만 부지할 수 있게 해달라고 간청했다.

조정 대신들도 한결같이 채옹을 두둔했다. "채옹은 뛰어난 인재입니다. 역사에 조예가 깊어서 그가 역사책 저술을 완성할 수 있도록 해야 합니다. 그는 본래 충성스러운 사람으로 명성이 자자했던 사람인데 기어코 그 자를 죽여서 백성들의 원성을 들어야겠습니까?"

그러나 왕윤은 요지부동이었다. "지난날 한 무제는 사마천司馬遷을 살려 두는 바람에 그가 『사기史記』라는 책을 써서 조정을 비방하게 만들었소. 지금은 국력이 쇠약하고 조정이 혼란스러운 때요. 이런 마당에 저자가 역사책을 쓰게 내버려둬서 우리 조정을 욕하도록 결코 가만 놔둘 수 없소."

얼마 지나지 않아 채옹은 죽음을 맞이했다.

6

얻지 못하여
염려하고
얻고 나면
잃을까 근심한다

얻지 못하여 염려하고
얻고 나면 잃을까 근심한다

患得患失(환득환실)

공자께서 말씀하시기를 "비속한 사람과 함께 군주를 섬길 수 있겠는가? 그들은 벼슬을 얻기 전에는 그것을 얻지 못하여 염려하고 얻고 나서는 잃을까 근심한다. 진실로 잃을까 근심한다면 못하는 일이 없게 될 것이다."라고 하였다.

공자는 올바른 정사를 펼칠 수 있도록 노력하기는커녕 오로지 관직을 얻는 데만 연연해하는 사람을 '비속한 사람'이라고 평했다. 그리하여 "비속한 소인과 함께 군주를 섬길 수 있겠는가? 그들은 벼슬을 얻기 전에는 그것을 얻지 못하여 염려하고 얻고 나서는 잃을까 근심한다. 진실로 잃을까 근심한다면 못하는 일이 없게 될 것이다."라고 하였다.

공자는 사람의 인품을 크게 세 가지로 나누었다. 첫째는 도덕을 인생의 목표로 삼는 사람들로서 이는 공자 자신이 추구하던 고매한 인품이었다. 둘째는 명예와 권력을 인생의 목표로 삼는 것으로 이는 보통 사람들이 추구하는 인품이었다. 그리고 셋째는 부귀와 재물을 인생의 목표로 삼는 것으로 이는 이른바 저속한 사람들이 추구하는 인품이었다. 공자는 세 번째 저속한 인품의 사람들과는 함께 학문을 배울 수 없다고 여겼다.

지혜가 꼬리를 무는 역사 이야기

이사李斯는 초나라 상채上蔡(지금의 하남성 상채현) 출신으로 진나라의 유명한 정치가이자 문학가, 서법가였다. 당시 최고의 유학자 순자荀子에게서 가르침을 받은 법학가의 대표적 인물로서 법가 이론을 집대성한 한비자韓非子와 동문이었다. 이사는 진나라로 옮겨온 뒤 명재상이 되어 진秦 시황始皇을 보좌하여 천하를 통일하는데 크나큰 공훈을 세웠다.

훗날 진 시황이 순행을 돌다가 갑자기 병에 걸려 도중에 죽고 말았다. 진 시황은 생전에 태자를 정하지 않았지만 임종에 이르렀을 때 유언을 내려, 당시 장성을 지키는 군영에 머물고 있던 장자 부소扶蘇를 왕궁으로 불러들여 장례를 주관하고 대통을 잇게 하라는 뜻을 전달했다.

그러나 이사는 부소가 정식으로 태자가 아닌 상태에서 대통을 잇기도 전에 진 시황의 죽음이 알려지면 스무 명이 넘는 공자들이 왕권 쟁탈을 벌이게 될까 두려웠다. 그리하여 왕성으로 돌아가 부소가 친히 장례를 치를 때까지는 진 시황의 죽음을 비밀로 부치기로 결정했다.

그런데 누가 생각이나 했으랴? 환관 조고趙高는 이사가 국가의 안위보다는 개인의 명성과 재력에 집착하는 약점을 알고 있었기에 그를 협박해 황제의 유언을 조작한다. 결국 이사는 조고와 짜고서 진 시황이 남긴 조서를 거짓으로 꾸며 맏아들 부소를 자결하게 만들었다. 그리고 진 시황의 총애를 받던 호해胡亥를 황제로 옹립하였다.

이사는 진 시황을 도와 천하를 통일하고 법률을 정비하여 법치국가를 이룩하기까지 역사적으로도 상당한 공훈을 세운 인물임에 틀림없었다. 그러나 자신의 사사로운 이해득실에 연연한 나머지 역사상 크나큰 비극의 씨앗을 심게 되었고 자신 역시 조고에 의해 죽음을 맞이하게 되었다.

호해는 황제로 즉위한 뒤 조정의 모든 일을 조고에게 맡겼다. 조고는 이를 빌미로 황제에게 이사를 모함하였고 결국 이사는 모반의 혐의로 체포되어 일족이 모두 투옥되었다. 이로써 208년 7월, 진나라 최대의 공신이었던 이사는 함양의 거리에서 자신이 제정한 법령에 의해 허리를 잘리는 형벌을 받고 죽었다.

사마천은 『사기 - 이사열전李斯列傳』에서 이사를 다음과 같이 평가했다. "이사는 미천한 출신이지만 제후를 찾아 진나라를 섬겼다. 그는 '제왕술'을 배웠지만 국정에 임해서는 시황제의 결점을 보완하려고 하지 않았다. 또한 높은 관직과 봉록을 받아먹으면서 시황제의 뜻을 거스르지 않으려고 아첨과 영합을 일삼았다. 가혹한 법령을 제정하여 시행했으며 환관 조고의 사악한 꼬드김에 영합하여 적장자인 부소를 폐하고 서자인 호해를 옹립했다. 제후들이 진나라에 반기를 들고서부터 당황하여 2세 황제에게 올바르게 간언하려고 했으나 때는 이미 늦고 말았다." 비교적 정확하고 날카로운 지적이었다.

말 한마디에 나라가 흥하고
말 한마디에 나라를 잃는다

一言以喪邦 一言以興邦(일언이상방 일언이흥방)

노 정공定公이 공자에게 물었다. "말 한마디로 나라를 흥성하게 할 수 있다는데 그런 일이 정말 있습니까?" 그러자 공자께서 말씀하셨다. "그런 말이 어디 있겠습니까? 허나 그와 비슷한 말이 있긴 합니다. 누군가가 말하기를 '임금 노릇하기도 어렵고 신하 노릇하기도 힘들다'라고 하였습니다. 만일 임금 노릇하기가 참으로 어렵다는 것을 잘 안다면 이 말이 바로 나라를 흥성하게 하는 한 마디 말에 가깝지 않겠습니까?"

노 정공이 다시 공자에게 물었다. "말 한마디로 나라를 잃을 수 있다는 말이 있다는데 그런 일이 정말 있습니까?" 그러자 공자께서 말씀하셨다. "그런 말이 어디 있겠습니까? 허나 그와 비슷한 말이 있긴 합니다. 누군가가 말하기를 '나는 임금 노릇 하는데 별다른 즐거움이란 없지만 그 가운데 유일한 즐거움이란 내가 한 말을 아무도 거역하지 않는 것이다.'라고 하였습니다. 만일 임금의 말이 옳기 때문에 어기는 사람이 없다면 이보다 더 좋은 일이 없겠지요. 허나 임금의 말이 틀림에도 어느 누구도 이를 거역하지 못한다면 이 말이 바로 나라를 잃게 하는 한마디 말에 가깝지 않겠습니까?"

노 소공昭公은 삼환씨三桓氏(노나라의 권문세가인 맹손孟孫·숙손叔孫·계손季孫씨를 가리킴)에게 쫓겨나 팔 년여에 걸쳐 타향을 전전하다 결국엔 진晉나라에서 객사하고 말았다. 그가 죽은 후 동생 노 정공定公이 왕위에 올랐지만 그저 꼭두각시 인형에 불과했다.

공자는 노 정공이 권신에 의해 쫓겨난 형을 대신해 왕위에 올랐으면서도 이러한 권신들을 처벌하지 못한 것을 의롭지 못하다고 여겼다. 그러던 어느 날 노 정공이 공자에게 물었다. "말 한마디에 나라가 흥하고 말 한마디에 나라를 잃는다는 말이 있다는데 그런 일이 정말 있습니까?"

그러자 공자가 말했다. "한마디 말 때문에 나라가 흥성하거나 혹은 망한다고 간단히 말할 수는 없습니다. 허나 군주가 임금 노릇하기 어렵다는 것을 잘 알고 국사를 처리하는 데 항상 신중을 기한다면 사소한 말 한마디도 이치가 타당하고 권위가 있을 테니 이것이야말로 나라를 흥성하게 하는 말인 셈이지요. 반면에 군주의 말이 잘못되었는데도 어느 누구도 이를 바로잡아주지 않는다면 결국엔 그로 말미암아 정사가 어지럽혀져 나라가 망하게 되지 않겠습니까?"

위에서 공자는 노 정공이 잘못 이해한 말뜻을 바로 잡아주는 동시에 언행의 중요성을 설명해주고 있다. 최고 권력자의 말과 행동은 정사를 올바르게 돌보는 것은 물론이거니와 국가의 흥망성쇠에도 대단히 중요한 작용을 하고 있음을 깨우쳐 주고 있는 것이다.

지혜가 꼬리를 무는 역사 이야기

초楚나라와 한漢나라가 전쟁을 벌이던 때였다. 항우項羽가 함양咸陽까지 점령하자 누군가가 그에게 건의했다. "장안長安은 길이 험준하고 사면이 산과 바다로 둘러싸여 있는데다 토지가 비옥하여 그곳을 도읍지로 정하시면 천하를 다스릴 수 있을 겁니다." 그러나 항우의 생각은 달랐다. "금의환향이라는 말이 있네. 이제 곧 천하가 내 손아귀에 들어올 텐데 마땅히 풍악을 울리고 가마를 타고서 위풍당당하게 고향으로 돌아가야 할 게 아닌가? 이런 촌구석에 갇혀 지내면 누가 나를 칭송하고 떠받들어 준단 말인가?"

그럼 항우와 천하를 다투던 유방劉邦은 어땠을까? 유방이 천하를 평정한 뒤 낙양洛陽으로 돌아갈 준비를 하고 있을 때였다. 누경婁敬이라는 군졸이 산동山東 지방에서 일부러 찾아와 유방에게 물었다. "대왕께서 낙양을 도읍지로 정하시려는 이유는 역대 주周나라의 업적과 견줄 만한 왕실을 세우기 위해서이지 않습니까?" 유방이 말했다. "그렇다."

이에 누경이 말했다. "낙양은 틀림없는 천하의 중심지입니다.

덕을 갖춘 성군이라면 이곳을 도읍으로 정하고 나라를 세우기에 더할 나위 없이 좋은 곳이지요. 허나 사방이 뻥 뚫려 있어서 만일 덕이 없는 자가 이곳에 나라를 세운다면 오히려 사방의 적들에게 협공 당하기 십상입니다. 주 왕실은 문왕文王·무왕武王 등 자손대대로 덕을 쌓았기 때문에 이곳을 도읍으로 정하고 나라를 세울 수 있었지만 지금 대왕의 상황은 전혀 다릅니다. 대왕께서는 덕이 아닌 무력으로 천하를 통일했고 이제 막 전쟁이 끝난 터라 아직 잔당들이 많이 남아 있습니다. 그들은 호시탐탐 대왕을 노리고 있는데 어찌 주 왕실과 같을 수 있겠습니까? 허니 장안을 도읍지로 정하십시오. 그곳은 삼면이 험준한 산들로 병풍처럼 둘러싸여 있어서 천혜의 요새이기 때문에 안전하고 나라를 다스리기 좋습니다."

유방은 여러 대신들과 누경의 건의를 토의했으나 대부분의 신하들이 낙양을 도읍지로 삼아야 한다며 반대했다. 마지막으로 유방은 그가 신임하던 책사 장량張良에게 최종적인 의견을 물었다. 그러자 장량이 이렇게 말했다. "장안은 토지가 비옥하고 자원이 풍부하여 예로부터 '하늘의 곳간'이라고 불리던 곳입니다. 또한 천혜의 요새인지라 공격하고 수비하기에 안성맞춤이지요." 유방은 더 이상 망설일 필요 없이 곧바로 장안을 도읍지로 결정했다. 그리고 누경에게 황금 오백 근과 관직을 하사했다.

누경의 건의에 따라 한漢나라의 기반을 튼튼히 닦을 수 있었으니 그야말로 '말 한마디에 나라가 흥성해졌다'고도 할 수 있을 것이다.

제후들과 아홉 차례에 걸쳐 동맹을 맺다

九合諸侯(구합제후)

자로가 말하기를 "환공桓公이 공자 규糾를 죽였을 때 소홀召忽은 따라 죽었지만 관중管仲은 따라 죽지 않았으니 관중은 인을 실천하지 않았다고 할 수 있겠지요?" 그러자 공자께서 말씀하시기를 "제 환공이 아홉 차례에 걸쳐 제후들과 규합하여 동맹을 맺되 무력을 쓰지 않았으니 이는 관중의 힘 때문이다. 이것이 바로 그의 인덕이다, 이것이 바로 그의 인덕이다."라고 하였다.

관중은 제나라 영상현潁上縣 출신으로 춘추시대 걸출한 정치가였다. 일찍이 아버지를 여읜 관중은 홀어머니와 서로 의지하며 불우한 어린 시절을 보냈다. 집안이 빈곤했던 탓에 관중은 어릴 때부터 한 집안의 가장이 되어 생계 전선에 뛰어들었다. 한때 그는 절친한 친구

였던 포숙아와 함께 장사를 하기도 했는데 이후에는 관직에 올랐다.

정계에 입문한 관중과 포숙아는 각각 제나라의 공자 규와 소백을 보좌하게 되었다. 그러나 이들은 황음무도한 제 양공의 폭정을 피하고자 서로 흩어져 피신을 갔다. 공자 규는 사부였던 관중과 소홀을 이끌고 노魯나라로, 소백은 사부 포숙아와 함께 외가인 거莒나라로 도망갔다.

그 뒤에 제나라에서 반란이 일어나면서 양공이 피살되자 일순간 왕의 자리가 비게 되었다. 이 소식을 들은 공자 규는 왕위를 계승하고자 서둘러 귀국길에 올랐다. 이때 그의 사부였던 관중은 거나라로 피신했던 공자 소백이 먼저 귀국해 왕위를 빼앗을까 봐 공자 규를 급히 제나라로 출발시키고 자신은 병사를 이끌고 소백의 귀국길을 막아섰다.

관중은 소백에게 법통에 따라 마땅히 형인 공자 규가 왕위를 이어받아야 한다고 역설했지만 소용이 없었다. 그는 마침내 돌아서는 척하며 공자 소백에게 활을 쐈다. 활 솜씨가 뛰어났던 관중의 화살은 소백에게 적중했고 소백이 쓰러진 모습을 확인한 관중은 공자 규의 대열에 합세해 느긋하게 제나라에 입성했다.

그런데 뜻밖에도 이미 죽은 줄 알았던 공자 소백이 버젓이 왕위에 올라 있었다. 바로 역사에 길이 명성을 떨친 제 환공이었다. 사실 관중이 날린 화살은 소백의 허리띠에 맞았는데 소백은 짐짓 죽은 시늉을 하고는 관에 실린 채 서둘러 제나라에 입성했던 것이다. 왕이 된

제 환공은 공자 규를 죽음으로 몰아넣은 뒤에 과거에 그를 죽이려 화살을 쐈던 관중도 처형하려 했다. 그러나 포숙아가 그런 제 환공을 극력 만류했다. 관중은 지략과 재능을 가진 천하 최고의 인재이니 제나라를 강성 대국으로 만들고 패업을 이루려면 과거의 원한 따위는 잊고 그를 기용해야 한다고 설득한 것이다. 이에 제 환공은 포숙아의 의견을 받아들여 관중을 재상으로 임명하고 정사를 맡겼다.

이런 곡절을 거쳐 제 환공의 중용을 받고 재상에 기용된 관중은 먼저 행정 구역과 군대를 정비해 통합시켰다. 또한 경제 개혁을 실시하여 소유한 토지 면적에 따라 세금을 합리적으로 부과함으로써 백성이 적극적으로 농업 생산에 힘쓰도록 유도했다. 해마다 수확량에 따라 식량 공급과 수요량을 적절하게 조절하고 지방 특산물을 조정에서 관리하도록 했으며 화폐를 주조하는 등 여러 가지 정책을 펼쳐 제나라의 경제를 번성시켰다.

관중은 인재 기용 방면에도 개혁을 단행했다. 그는 관직을 세습했던 낡은 관습을 타파하고 인품과 학식, 재능 위주로 관리를 임용하는 제도를 시행하여 국가 기관의 행정 능력을 향상시켰다. 이러한 개혁을 단행한 이후에 관중은 제 환공에게 천하를 통일하여 패업을 이룰 수 있는 책략을 주청했다.

이것이 바로 '존왕양이尊王攘夷'이다. 여기서 '존왕'이란 주周 왕실을 옹호한다는 의미이고 '양이'란 당시 호시탐탐 중원을 노리며 위협적인 존재로 부상한 중국 북방의 '적狄'과 서방의 '융戎' 등 오랑캐를 무찌른다는 뜻이다. 이러한 책략 덕분에 제 환공은 여러 제후국의 동참을 이끌어내며 정치적으로 상당한 영향력을 얻게 되었다.

기원전 652년에 주周 혜왕惠王이 죽자 제 환공은 여러 제후국과 함께 주周 양왕襄王을 옹립했다. 그리고 제 환공은 이후에 관중의 충고에 따라 여러 제후국과 아홉 차례 동맹을 맺고 맹주로서 위신을 세워 나가 마침내는 춘추시대의 첫 번째 패왕이 되었다.

관중은 평생 동안 약 사십여 년을 제나라의 재상으로 집권했다. 그는 집정 기간에 제나라를 강성 대국으로 만들고 제 환공을 보좌하여 패업을 달성했다. 그리하여 후세 사람들은 관중을 떠올릴 때면 제일 먼저 그가 제 환공을 보좌하여 여러 제후국과 아홉 차례 동맹을 맺고 천하를 통일시켰던 위업을 칭송하곤 한다.

───── **지혜가 꼬리를 무는 역사 이야기** ─────

제갈량諸葛亮은 은둔 생활을 하는 동안 다양한 분야의 서적을 탐독하고 은자들과 폭넓은 교분을 나누었다. 또한 정세에 깊은 관심을 갖고 항상 자신을 관중에 비유하면서 왕을 보좌하여 천하를 제패하고픈 원대한 포부를 키워 나갔다. 그러면서도 제갈량은 권력과 영예를 탐하고 부귀영화를 꿈꾸는 속된 사람이 아니었다.

당시 조정은 조조가 손아귀에 움켜쥐고 쥐락펴락하며 여러 제후들을 호령하고 있었다. 제갈량의 친구였던 석광원石廣元·맹공위孟公

威도 최고 권력자였던 조조의 휘하에 들어가 있었지만 제갈량은 이들의 온갖 회유에도 꿈쩍도 하지 않았다. 심지어 동오東吳에서 상당한 권력 실세로 자리 잡고 있던 그의 형 제갈근諸葛瑾에게도 찾아가지 않았다. 이렇듯 권세와 부에 초연했던 제갈량을 설득한 사람은 바로 삼고초려로 유명한 유비劉備였다. 유비의 지극한 정성에 감동한 제갈량은 마침내 은둔 생활을 끝내고 자신의 꿈을 실현하고자 세상 밖으로 발을 디뎠다.

제갈공명은 유비와 유선劉禪 두 황제를 섬기면서 충성을 바쳐 최선을 다했다. 물론 관중처럼 아홉 차례에 걸쳐 제후들과 규합하여 동맹을 맺고 천하를 통일하는 꿈은 이루지 못했다. 그러나 '몸과 마음을 다해 몸이 부서지도록 죽음에 이를 때까지 정성을 다한다'는 그의 비장한 충성심은 후세 사람들을 숙연하게 했다.

인을 추구하여 인을 얻었는데
또 무엇을 바라겠는가?

求仁得仁又何怨(구인득인우하원)

염유가 말하기를 "스승님께서 위나라 임금을 도와주실까?"라고 하자 자공이 대답했다. "그래, 내가 여쭈어 보겠다." 그러고는 들어가서 공자에게 말했다. "백이, 숙제는 어떤 사람이었습니까?" 그러자 공자께서 말씀하시기를 "옛날의 현인이다."라고 했다. 이에 자공이 또다시 묻기를 "그들은 원망했을까요?"라고 하자, 공자께서 말씀하시기를 "인을 추구하여 인을 얻었는데 또 무엇을 원망하였겠느냐?"라고 했다. 그러자 자공이 밖으로 나와서 말하기를 "스승님께서는 위나라 임금을 돕지 않을 것이다."라고 했다.

———

은殷나라 말년에 고죽국의 군주에게는 백이와 숙제라는 두 아들이 있었다. 군주는 큰 아들인 백이가 아닌 작은 아들 숙제를 후계자로 삼기로 했다. 그러나 아버지가 죽자 숙제는 왕위를 형 백이에게 양보하려고 했다. 그러자 백이는 "너에게 왕위를 물려주라는 아버지의 유언을 어길 수 없다."라고 거절하며 고죽국을 떠나 버렸다. 그러자 숙제도 한사코 왕위에 오르기를 마다하며 형을 따라 떠났다.

이에 고죽국 사람들은 또 다른 왕자를 왕으로 삼을 수밖에 없었다. 이때 백이와 숙제는 서백창西伯昌(주나라 문왕文王)이 노인을 잘 봉양한다는 말을 듣고 그에게 가서 의지하려 하였다. 그러나 서백창은 죽고 그의 아들인 무왕武王이 서백창을 문왕이라 칭하면서 그의 위패를 수레에 실은 채 동쪽으로 은나라의 주왕紂王을 정벌하러 나서는 것이 아닌가!

백이와 숙제는 허겁지겁 무왕의 말고삐를 붙잡고 다음과 같이 간언을 하였다. "아버지가 사망했는데 장례를 치르지 않고 곧 전쟁을 일으키니 효孝라고 할 수 있겠습니까? 신하로서 군주를 죽이는 것을 인仁이라고 할 수 있겠습니까?" 그러자 좌우에 있던 주 무왕의 신하들이 백이와 숙제를 불손하다 여기며 그 자리에서 목을 베려고 했다. 마침 그때 강태공姜太公이 장수들을 만류하며 말했다. "이들은 인과 의를 갖춘 사람들이다. 그들을 놓아줘라." 그러고는 직접 백이와 숙제를 부축해 일으켜서 안전하게 그곳을 떠나도록 도와주었다.

그 후 무왕이 도탄과 혼란에 빠진 은나라를 평정하니 천하가 모두 주나라를 떠받들었다. 그러나 백이와 숙제는 주나라의 백성이 되는 것을 부끄럽게 여기며 주나라 곡식을 먹지 않겠다고 다짐하며 수

양산에 숨어들었다. 그들은 고사리를 캐서 끼니를 연명하다 결국엔 굶어 죽고 말았다.

이를 살펴볼 때 평생 동안 인을 추구하며 살다 죽은 백이와 숙제가 자신들의 삶을 원망했는지 그렇지 않았는지는 알 수 없는 일이다.

지혜가 꼬리를 무는 역사 이야기

오봉吳鳳은 청나라 때 사람으로 자는 부휘符輝이다. 복건성福建省 출신으로 장사를 하는 아버지를 따라 온 가족이 대만臺灣으로 이사를 왔다. 대만 원주민의 토속어에 능통했던 오봉은 스무 살이 넘으면서 정부를 대표하는 통역관으로 일하게 되었다. 그는 관리 생활을 하는 동안 낙후되고 혼란스러웠던 원주민 거주 지역을 질서 정연하게 다스리면서 원주민들로부터 존경과 숭배를 받았다.

당시 원주민들에게는 매년 가을에 제사를 지낼 때마다 사람을 죽여 그 머리를 신에게 바치는 풍습이 있었다. 오봉은 그들에게 사람을 죽이지 말 것을 권했지만 오랜 세월 지켜오던 전통이라서 쉽사리 바뀌지 않았다. 이에 오봉은 좋은 방법을 하나 생각해냈다. 바로 원주민들 간에 부족 싸움을 벌였을 때 죽었던 시신의 머리를 제물로 바치는 방법이었다. 오봉은 원주민들을 설득하며 말했다. "무고한 사람을 죽이는 악습을 고칠 수 없다면 차라리 부족 싸움에서 죽은 시신 사십 구를 일 년에 한 구씩 제사에 사용하도록 하시오. 만일 제사를 지내기 위해 멀쩡한 사람을 죽인다면 관군들을 데리고 와서 당신 부족들을 소탕하겠소."

원주민들은 오봉의 말대로 시신 사십여 구를 따로 보관해 뒀다가 일 년에 한 번씩 제사를 지낼 때마다 제물로 바쳤다. 그러나 사십여 년이 지나면서 시신이 동이 나자 원주민들은 제사에 사용할 수 있도록 살인을 허락해달라고 아우성을 쳐대기 시작했다. 어느 덧 늙은이가 된 오봉은 원주민들을 설득했다. "지난 수십 년 동안 산 사람을 죽여서 제물로 바치지 않았어도 재앙이나 천벌 따위는 일어나지 않았잖소? 그런데도 기어코 사람을 죽여서 제사를 지내야 하겠소?"

아무리 만류해도 소용이 없자 오봉은 이렇게 말했다. "기어코 사람을 죽여서 제사를 올려야 한다면 할 수가 없군. 그럼 이렇게 합시다. 내일 내 관저 뒤뜰에 오면 붉은색 모자를 쓴 사람이 있을 것이오. 그 사람을 죽여서 제사에 쓰도록 하시오."

그 다음날 정오, 원주민들은 칼과 활로 무장을 한 채 오봉의 관저 뒤뜰로 갔다. 과연 그곳에는 오봉의 말대로 붉은색 모자를 쓴 사람이 있었다. 원주민들은 신에게 제물을 바칠 기쁨에 단번에 화살로 쏴서 그 사람을 죽였다. 그러나 죽은 시신의 목을 베려고 다가간 순간 원주민들은 경악하고 말았다. 붉은색 모자를 쓴 채 죽은 사람은 다름 아닌 그들이 존경해마지 않던 오봉이었던 것이다. 오봉은 아무리 설득해도 효과가 없자 부득이 몸소 희생을 선택했던 것이다. 고산족들은 후회와 비통함에 가슴을 치며 통곡했다. 그리고 오봉의 거룩한 죽음을 헛되이 하지 않기 위해 오랜 세월 사람을 제물로 바쳤던 악습을 근절하였다.

오봉은 자신이 관리하던 원주민들을 진심으로 사랑하였다. 그리하여 그들의 잘못된 관행과 구습을 뿌리 뽑고자 기꺼이 자신을 희생함으로써 후세에 이름을 남겼다. 그야말로 진정으로 인을 추구하고자 했던 참된 의인이었다.

전차 천 대를 보유하고 있는 대국

千乘之國(천승지국)

맹무백이 "자로는 어집니까?"라고 묻자 공자께서 말씀하시기를 "나는 알지 못하겠다."라고 하였다. 이에 맹무백이 또다시 묻자 공자께서 말씀하시기를 "전차 천 대를 보유하고 있는 대국에서 그에게 군사 다스리는 일을 맡길 수는 있으나 그가 어짊은 알지 못하겠다."고 하였다.

─────────

맹무백孟武伯은 맹의자孟懿子의 아들로서 춘추시대 말엽 노나라의 정권을 쥐고 있던 대부였다. 어느 날, 맹무백이 공자에게 물었다. "자로는 어진 군자라고 할 수 있습니까?" 그러자 공자가 대답하기를 "난 알지 못하겠다."고 하였다.

이에 맹무백이 또다시 묻자, 공자는 "유의 사람 됨됨이야 전차 천대를 보유하고 있는 대국에서 그에게 군사 다스리는 일을 맡길 수 있을 정도이나, 그가 '인'을 실천할 수 있는 어진 사람인지는 잘 모르겠다."라고 하였다.

맹무백은 또다시 물었다. "그럼 염유는 어떻습니까?" 이에 공자는 "염유는 천 가구가 사는 큰 고을이나 혹은 전차 백 대를 보유하고 있는 작은 마을의 책임자가 될 만하지만 그가 '인'을 실천할 수 있는 어진 사람인지는 잘 모르겠다."라고 하였다. 맹무백이 또다시 "공서적公西赤은 어떻습니까?"라고 물었다. 그러자 공자가 말하기를 "공서적은 예복을 갖춰 입고 조정에서 빈객을 접대하는 일을 맡을 수 있으나 '인'을 실천할 수 있는 어진 사람인지는 잘 모르겠다."라고 하였다.

―――――― 지혜가 꼬리를 무는 역사 이야기 ――――――

유방劉邦은 서한西漢을 건립한 뒤 중앙 집권 정책을 강화하기 위해 각종 수단과 방법을 동원해 자신과 성씨가 다른 제후들을 없앴다. 대신 유씨 일족을 각 지역 제후국의 제후로 봉하고 통치력을 강화했다. 그리하여 수십여 년이 지난 뒤 중앙 정부는 강력한 통치력을 휘두르게 되었으나 그와 더불어 각 지역에 흩어져 있던 제후들도 독자 세력을 발전시켰다. 이는 곧 중앙 정부와 지방 정부 간의 갈등을 불러일으키게 되었다.

기원전 154년, 한 경제景帝는 조착晁錯의 건의를 받아들여 제후들의 봉토를 삭감하는 정책을 펼치게 되었다. 이에 반발한 제후들은

조착을 죽인다는 명분 아래 반란을 일으켰는데 바로 '오초吳楚 7국의
난'이었다. 한 경제는 제후들의 강압에 못 이겨 결국 조착을 처형하고
말았다.

훗날 주부언主父偃은 조착의 교훈을 거울삼아 한 무제에게 '추은
령推恩令'을 건의했다. 본시 중국의 제후국들은 전통적으로 오직 장자
만이 부친의 작위와 영토를 물려받게 되어 있었다. 그러나 추은령은
다른 아들도 부친의 제후국을 나누어 받을 수 있도록 규정하고 있었
다. 덕분에 제후국의 봉토는 잘게 나누어졌고 세력이 약화되는 효과
를 얻을 수 있었다. 이에 따라 중앙 집권제는 자연스럽게 강화되었다.

늙은이들은 편안하게 해주고
젊은이들은 품어주다

安老懷少(안로회소)

자로가 묻기를 "스승님의 포부는 무엇입니까?"라고 하자 공자께서 말씀하시기를 "늙은이들은 편안하게 해주고 벗에게는 믿음을 주고 젊은이들은 품어주고 싶다."라고 하였다.

─────────────

안연과 자로가 함께 있을 때 공자가 말했다. "너희들의 포부를 제각기 말해 보라." 그러자 자로가 말했다. "저는 저의 수레와 말, 값비싼 갖옷을 친구들과 함께 나눠 쓸 것이며 설사 낡고 망가지더라도 눈곱만큼의 아쉬움이나 원망을 품지 않았으면 좋겠습니다." 이에 안연이 말했다. "저는 선행을 베풀되 이를 자랑하지 않으며 공훈을 세우되 이를 과장하지 않았으면 좋겠습니다." 이때 자로가 물었다. "스승님의 포부는 무엇입니까?"

그러자 공자가 말했다. "늙은이들은 편안하게 해주고 벗에게는 믿음을 주고 젊은이들은 은혜로써 품어주고 싶다."라고 하였다.

─── 지혜가 꼬리를 무는 역사 이야기 ───

진秦 소왕昭王이 군사를 일으켜 한단邯鄲을 공격하자 조趙나라는 위魏나라에 구원군을 요청했다. 이에 위나라 왕이 장군 진비晉鄙를 시켜 군사 십만 군을 이끌고 조나라를 도우려고 하자 진나라에서 사신을 보내 협박했다. "만일 위나라에서 조나라에 구원군을 보낸다면 우리는 말머리를 돌려 위나라를 먼저 칠 것이다." 그러자 위나라 왕은 진비에게 군사를 위나라와 조나라의 국경에 주둔하되 출격하지 말고 전세의 변화를 지켜보라고 명령했다.

조나라의 재상 평원군平原君은 위나라의 구원군이 국경에 머문 채 출격하지 않자 자신의 처남이자 위나라의 재상직에 있던 신릉군信陵君에게 서신을 보냈다. "자네 누나의 얼굴을 봐서라도 즉시 군사를 출동시켜 십만여 명에 달하는 무고한 백성들의 목숨을 살려주게." 이에 신릉군은 위나라 왕에게 수차례 간청을 했으나 진나라의 눈치를 살피던 위나라 왕은 끝내 허락하지 않았다. 그러자 신릉군은 책사 후영候嬴의 계책에 따라 위나라 왕이 총애하던 첩 여희如姬를 통해 몰래 호부虎符(전근대 시대 군사의 동원을 허가하는 표식으로 중국의 춘추전국시대부터 사용됨)를 빼돌렸다. 그리고 이 호부를 가지고 국경에 주둔하고 있던 진비에게 건네주며 출격을 명했다. 그러나 의심이 많던 진비가 그의 명령에 불복하자 신릉군은 주해朱亥를 시켜 그 자리에서 쇠몽둥이로 진비를 때려죽였다. 마침내 십만 대군의 지휘권을 손에 넣은 신릉군은 군사들을 모아놓고 말했다. "부자가 이곳 군영에 함께 있다면 아비는 고향으로 돌아가라. 또한 형제가 군영에 함께 있다면 형인 자는 집으로 돌아가라. 외아들인 자 역시 고향으로 돌아가 부모를 섬기도록 하라."

이렇듯 늙은이들은 편안하게 해주고 젊은이들은 은혜로써 품어주려는 따뜻한 배려 속에 군영에는 죽음을 불사할 수 있는 혈기왕성한 정예병사만이 남게 되었다. 신릉군은 정예부대를 이끌고 한단으로 출격하여 조나라와 연합하여 마침내 진나라를 물리쳤다.

감히 나를
어찌하지 못한다

其如我何(기여아하)

공자가 광匡 지방에서 포위를 당해 곤란을 겪고 있을 때 말씀하시기를 "문왕이 이미 돌아가시고 예악과 제도가 지금 나에게 있지 않는가? 하늘이 예악과 제도를 없애고자 했다면 뒤에 태어난 내가 이 예악과 제도에 간여할 수 없었을 것이다. 지금 하늘이 이 예악과 제도를 없애고자 하지 않는데 광 지방 사람들이 나를 어찌할 수 있겠는가?"라고 하였다.

기원전 496년, 공자가 위衛나라를 떠나 진陳나라로 가던 중에 광匡이라는 지역을 지나갈 때였다. 광 지방 사람들은 공자를 보자 언젠가 그곳으로 쳐들어와 소동을 피우며 백성들을 못살게 굴었던 양호陽虎로 오인하였다. 외모가 흡사하여 또다시 양호가 쳐들어온 줄 알고 공자 일행을 들판에 가두고 포위하고 말았던 것이다.

들판에서 굶주림에 시달린 지 닷새가 넘자 제자들은 죽음의 공포에 휩싸여 어쩔 줄 몰라 했다. 이때 공자는 태연하게 제자들을 위로하며 말했다. "문왕이 이미 돌아가시고 주나라 왕실의 예악과 제도가 지금 나에게 있지 않느냐? 하늘이 예악과 제도를 없애고자 했다면 후세에 태어난 우리들에게 전통적으로 내려오는 예악과 제도를 지켜야 할 책임을 주지 않았을 것이다. 지금 하늘이 주나라 왕실의 예악과 제도를 없애고자 하지 않는데 광 지방 사람들이 나를 어찌할 수 있겠느냐?"

지혜가 꼬리를 무는 역사 이야기

건안建安 6년(201년), 조조는 장료張遼와 하후연夏侯淵을 시켜 노나라의 여러 현을 정벌하게 했다. 그리하여 두 사람은 동해에서 창희昌豨를 포위하게 되었으나 수개월에 걸친 대치 상태가 이어졌다. 결국 군량미가 바닥을 보이면서 철군이 불가피하던 차에 평소 세심하던 장료가 한 가지 이상한 점을 발견하고서 하후연에게 말했다. "요 며칠 동안 포위망을 훑어보는데 내가 말을 타고 나갈 때마다 창희가 나를 뚫어지게 쳐다보고 있지 뭐요? 게다가 그들 군사들이 쏘는 화살이나 돌덩이 숫자가 점점 줄어들고 있소. 이는 분명 창희가 심한 불안감에 마음이 동요되고 있는 게 분명하오. 그래서 이참에 한번 그 사람 속마음을 떠보는 게 어떨까 싶소. 만일 우리에게 투항한다면 그보다 더 좋은 일이 어디 있겠소이까?"

장료는 즉시 사자를 보내 창희에게 말했다. "우리 주군인 조조께서 당신에게 전하라는 말이 있어서 이렇게 왔소." 과연 창희가 그의 말에 반응을 하자 장료가 직접 나서서 설득했다. "우리 조공은 그 무예가 신출귀몰하고, 덕으로써 천하의 백성을 다스리는 분이시오. 이번 기회에 투항한다면 조공께서 당신에게 크나큰 상을 하사할 것이오."

창희가 투항을 수락하자 장료는 홀로 산속에 있는 창희의 군영을 찾아가 그의 가족들에게 절을 올렸다. 창희는 장료의 정성스러운 모습에 감동하여 곧바로 그를 따라 조조에게 갔다. 본시 쌍방에게 막대한 희생을 입힐 수 있는 크나큰 전쟁이 벌어질 수 있었지만 장료의 세심함 덕분에 조조의 군대는 뜻밖의 승리를 거둘 수 있었다. 이에 조조는 장료를 크게 칭찬하는 한편 꾸짖으며 말했다. "수천수만의 병사를 이끌 책임이 있는 대장군은 경솔하게 위험에 뛰어들어서는 안 될 법이오."

그러자 장료가 대답했다. "저는 천하에 명성이 자자한 주군의 명을 받든 몸인데 감히 하잘 것 없는 창희가 저를 어찌할 수 있었겠습니까?"

기린과 봉황을 보며
눈물짓다

悲麟泣鳳(비린읍봉)

공자께서 말씀하시기를 "성왕聖王의 징조인 봉황도 오지 않고 하수河水에서는 등에 그림을 짊어진 용마龍馬도 나오지 않으니 내 인생도 이제 끝났나 보다!"라고 하였다.

　노 애공哀公 14년(기원전 481년) 봄, 대신들이 교외의 들판으로 사냥을 하러 나갔다가 숙손씨의 마부인 상商이라는 사람이 이상하게 생긴 짐승을 잡았다. 이를 본 사람들은 분명 재앙이 닥쳐올 흉조라고 수군거리는 가운데 염유가 이 사실을 공자에게 전했다. 소식을 전해들은 공자는 궁금하여 직접 그 짐승이 있는 곳으로 가보았다.

　그런데 공자가 잡힌 짐승을 보자마자 갑자기 옷소매로 눈물을 훔치며 이렇게 탄식하는 것이었다. "성왕의 징조인 봉황도 오지 않고 하수에서는 등에 그림을 짊어진 용마도 나오지 않으니 내 인생도 이 제 끝났나 보다!"

그 짐승은 바로 기린이었다. 기린은 성왕이 올바른 정치를 펼치 면 나타나는 상서로운 길조로 알려져 있었는데 공자가 살았던 춘추시 대는 대단히 혼란한 시대였다. 그러므로 성왕의 치세가 아닌 난세에 잘못 나와 어리석은 인간들에게 잡힌 기린을 보고 공자는 자신의 운명 을 빗대어 슬퍼했던 것이다. 사실 공자는 기린과 상당히 관계가 깊었 는데 『습유기拾遺記』에는 공자의 탄생과 관련된 이야기가 실려 있다.

공자가 아직 태어나기 전에 기린 한 마리가 그의 집에 나타나 '하늘이 내린 책'을 토해 놓았다. 그 위에는 '수정水精의 아들, 쇠락한 주나라를 이어 왕이 되다'라는 글이 새겨져 있었다. 이를 기이하게 여 긴 공자의 모친은 자수 놓은 천을 기린의 뿔에 묶어 두었는데 기린은 이틀 밤을 머물고서는 떠나갔다. 그리고 공자의 모친은 11개월 만에 공자를 낳았다고 한다.

지혜가 꼬리를 무는 역사 이야기

공자가 죽은 뒤 후세 사람들은 기린과 봉황을 보며 눈물짓는다 는 뜻의 '비린읍봉悲麟泣鳳'을 국가의 쇠락과 패망을 은유하는 표현으 로 사용하게 되었다. 북송 정강靖康 2년(1127년), 금나라 군대가 북송의 수도 변경汴京(지금의 하남성 개봉시開封市)을 함락시키면서 북송이 멸망했다. 종택宗澤은 열세 차례에 걸쳐 금나라 병사에 맞서 싸우면서 승리를 거듭했지만 병력 부족으로 끝내 개봉시를 수복하지 못했다.

북송이 망하자 조구趙構는 남경南京(지금의 하남성 상구현商丘縣 남쪽)으로 도피하여 황제에 즉위한 뒤 남송을 세우고 연호를 건염建炎이라고 하였다. 조구는 종택을 동경유수東京留守 겸 개봉부윤開封府尹에 임명하였다. 종택은 군사력을 강화하면서 악비岳飛·왕재흥王再興·이귀李貴 등 금나라에 대한 항쟁을 주도적으로 이끌어갈 수 있는 장수들을 발굴하였다. 이어서 개봉부를 점령하고 있던 금나라 군을 습격하여 대승을 거두고 주변의 여러 지역들을 수복했다.

종택은 재차 북벌을 감행하여 금나라를 멸망시켜야 한다고 상소문을 올렸으나 송 고종高宗 조구는 오히려 종택의 충성심을 의심하여 곽순郭荀을 파견해서 그를 감시했다. 강을 건너 북벌을 감행하여 금나라에 투쟁하려던 종택의 계획은 수포로 돌아가고 말았다. 종택은 국가의 쇠락과 패망이 눈에 보이는 듯 이를 비통해 하며 "강을 건너야 한다! 강을 건너라! 강을!"이라고 외치며 끝내 죽고 말았다. 종택이 죽은 뒤 송 고종은 그에게 충간忠簡이라는 시호를 내렸다.

당당하고 차분하게
말하다

侃侃而談(간간이담)

공자께서 마을에 계실 때는 진실하면서도 공손하여 말을 능숙하게 하지 못하는 사람 같았다. 종묘와 조정에 계실 때에는 말을 분명하게 하되 매우 조심스러웠다. 조정에서 지위가 낮은 하대부와 이야기할 때는 강직한 모습을 보였고 지위가 높은 상대부와 이야기할 때는 부드럽지만 당당하게 이야기했다. 군주가 계실 때는 공경스러운 태도를 보이면서도 그 모습이 적절했다.

주周대의 신분제도에 따르면 대부는 제후보다 한 단계 아래의 신분이었다. 또한 대부는 두 등급으로 나뉘었는데, 상등급이 경卿으로 즉 상대부였으며 그 아래 등급은 하대부였다. 당시 공자의 지위는 하대부에 맞먹었는데 그의 언행과 일거수일투족은 주례周禮에 눈곱만큼

도 어긋난 적이 없었다.

공자는 고향 마을에 있을 때와 조정에 나아갈 때의 언행이 사뭇 달랐다. 평소 집에서 마을 사람들이나 친척들과 이야기를 나눌 때는 온화하고 공손하여 마치 말주변이 없는 사람처럼 보일 정도였다. 그러나 종묘와 조정에 있을 때는 말솜씨가 뛰어나면서도 조심성이 있었다. 또한 조정에서는 하대부와 이야기할 때는 강직해보일 만큼 말에 거리낌이 없었고 상대부와 이야기할 때는 부드러우면서도 당당하게 이야기를 했다. 또한 군주가 자리에 함께 할 때는 예의를 갖춰 공경한 태도로 조심스러웠으니 어느 것 하나 어긋남이 없이 적절했다.

지혜가 꼬리를 무는 역사 이야기

남북조南北朝시대 왕맹王孟은 가난하고 불우한 환경 속에서도 책을 좋아하였는데 특히나 병서를 탐독했다. 학문과 식견을 갖춘 스승 밑에서 공부를 하며 가슴에는 큰 뜻을 품기 시작했다. 당시 문인들은 속세를 떠나 고상한 이야기만을 나눈다는 이른바 청담淸談 사상에 물들었기에 왕맹을 조롱하기 일쑤였다. 그러나 왕맹은 전혀 흔들림 없이 학문에 열중했다.

354년, 동진의 대장군 환온桓溫이 대군을 이끌고 전진을 공격해왔다. 그러자 화음산華陰山에서 은거하고 있던 왕맹은 누더기를 걸친 채 동진의 진영으로 찾아가 환온을 만났다.

왕맹은 대장군 환온 앞에서 누더기 옷을 뒤집어 이를 잡으면서도 당당하고 의젓하게 천하의 정세에 대한 이야기를 나누었다. 왕맹의 사내대장부다운 모습에 탄복한 환온은 군사들을 철수시키면서 왕맹에게 수레를 보냈다. 관직을 줄 테니 함께 남쪽으로 내려가기를 청했던 것이다. 이에 왕맹은 화음산에 있는 스승에게 의견을 묻자 스승은 이렇게 말했다. "어찌 환온과 같은 사람과 함께 일을 도모하고자 하느냐? 북쪽에서 귀인이 나타날 테니 여기서 머물며 기회를 기다리도록 하라." 그리하여 왕맹은 환온을 따라가는 대신 계속 머무르게 되었다.

357년, 스스로 대진천왕大秦天王에 오른 부견苻堅은 왕맹의 명성을 듣고 사람을 시켜 그를 불러들였다. 왕맹과 부견은 만나자마자 의기투합하게 되었고 왕맹은 중서시랑中書侍郞직을 시작으로 벼슬길에서 승승장구하게 되었다.

그는 중책을 도맡으면서 부견을 도와 여러 가지 개혁 정책을 펼쳤다. 문벌과 귀족을 억눌러 왕권을 강화하고 법제를 정비하였으며 뛰어난 인재를 발탁하여 중농정책을 추진하였고 도로를 정비하여 치안을 강화했다. 이러한 왕맹의 정책으로 전진의 국력은 나날이 강대해져 5호 16국 가운데 가장 광대한 영토를 지배하게 되었다.

가까이 있는 자에게는 기쁨을 주고 멀리 있는 자는 찾아오게 하라

近者悅 遠者來(근자열 원자래)

엽공葉公(섭공이라고도 함)이 정사를 물으니 공자께서 말씀하시기를 "**가까이 있는 자에게는 기쁨을 주고 멀리 있는 자는 찾아오게 하라.**"고 하였다.

엽공의 성은 심沈이고 이름은 제량諸梁이며 자는 자고子高로 초楚 장왕莊王의 후손이다. 엽공은 군사를 부리는 방면에서 수완이 뛰어난 걸출한 인재로 초나라의 사직을 떠맡은 중신이었다.

초 혜왕惠王 10년(기원전 479년), 백공승白公勝이 반란을 일으키자 엽공은 군사를 지휘하여 반란을 평정하고 혜왕을 복위시켰다. 또한 왕실을 튼튼히 보좌하기 위해 군사를 보내 서쪽의 파巴(춘추시대 나라 이름) 땅을 정벌하고 동북쪽으로는 진陳 땅을 정벌하여 초나라 땅으로 복속시켰다. 뿐만 아니라 엽공은 직접 군사를 이끌고 남쪽 월越나라를 정벌하여 초나라의 부흥에 크나큰 공훈을 세웠다.

초 소왕昭王 7년(기원전 509년)에 공자는 채蔡나라에서 섭 땅으로 건너가 엽공과 직궁直躬(정직하기로 소문난 직궁이 아비를 고발하고 증인이 된 이야기)을 화제로 삼아 정사에 관한 담론을 나누었다. 이때 공자가 말하기를 "나라를 다스리는 사람이 가까이 있는 자에게는 기쁨을 주고 멀리 있는 자는 찾아오게 할 수 있다면 민심을 안정시켜 백성들이 편안하게 살도록 만들 수 있습니다."라고 했다.

즉 현명한 군주라면 어느 나라 사람이든 전혀 가리지 않고 너그러이 모두 포용할 수 있어야 한다는 뜻이다.

──────── **지혜가 꼬리를 무는 역사 이야기** ────────

1260년 쿠빌라이Khubilai(원元나라 세조世祖)는 쿠릴타이Kuriltai(대회의)를 열어 만장일치로 칸으로 선출된 뒤 원나라를 건립하고 중국을 통일했다. 쿠빌라이는 티베트 고원에 위치한 토번국吐蕃國의 왕인 바스바八思巴를 국사國師로 삼아 종교를 담당하고 토번국을 총괄하여 관리하도록 했다. 또한 토번국에 대한 중앙집권제를 강화하고 분봉제를 폐지하였으며 역참 제도를 수립하고 행정 체제를 확립했다. 그리고 원나라를 건립한 다음해에는 북경北京을 도읍지로 삼았다.

쿠빌라이는 재능 있는 인재를 적재적소에 기용하고 병력을 강화하여 통일국가의 기틀을 마련했다. 그는 정치와 군사의 병용을 주장하면서 융통성 있는 정책을 펼치고 다양한 전략과 전법을 구사하는 데 능수능란했다. 가령 병력의 집중을 중시하여 양방향 전투를 피한다거나 기습과 퇴격, 포위 등의 다양한 전략을 구사하였으며·보병·기병·포병·수병 등 전방위적인 부대를 양성하여 매 전투마다 승리를 쟁취할 수 있었다. 그가 실시한 여러 가지 행정 조치는 '가까이 있는 자에게는 기쁨을 주고 멀리 있는 자는 찾아오게' 만드는 것이라 원나라를 건국하고 사직을 공고히 하는 데 중요한 역할을 담당했다.

군자는 곤궁해도 견디지만
소인이 곤궁하면 못 하는 짓이 없다

君子固窮 小人窮斯濫矣(군자고궁 소인궁사람의)

자로가 잔뜩 화가 난 채 공자를 찾아와 말하기를 "군자도 곤궁할 때가 있습니까?"라고 했다. 그러자 공자께서 말씀하시기를 "군자는 곤궁해도 잘 견디지만 소인은 곤궁에 처하면 못 하는 짓이 없다."라고 하였다.

위衛나라 령공靈公이 공자에게 전쟁터에서 진陳을 치는 방법을 물었다. 공자는 본시 예禮로써 나라를 다스려야 한다고 주장하며 나라와 나라 사이의 분쟁을 전쟁으로 해결하는 것을 반대하던 터라 이렇게 대답했다. "제사에 관한 일은 전부터 많이 들어봤지만 전쟁에 대해서는 한 번도 배워본 적이 없습니다." 공자는 자리에서 물러난 뒤 곧장 마차를 준비해 위나라를 떠나면서 의미심장한 말을 되뇌었다. "새는 둥지를 틀 나무를 선택할 수 있지만 꼼짝달싹할 수 없는 나무는 어떻게 새를 선택한 단 말인가?"

그러나 제자들을 거느리고 진陳나라를 지나가던 공자는 뜻밖의 위기에 처하고 말았다. 진나라 대부들은 초楚나라에서 공자를 초빙한다는 소문을 듣고 지레 겁을 먹고 말았다. 뛰어난 현자로서 명성을 날리고 있던 공자가 초나라에 중용되면 자기들 나라가 위험에 처하게될 것이라고 여겼던 것이다. 그리하여 병사들을 출격시켜 공자와 제자들을 들판에 가둬버린 것이다.

여러 날 동안 들판에 갇힌 채 식량마저 떨어지자 적잖은 제자들이 굶주림에 쓰러지기 시작했다. 그러자 성격이 직설적이었던 자로가 잔뜩 화가 난 채 공자에게 불평을 털어놨다. "군자도 곤궁할 때가 있습니까?" 그러자 공자가 이렇게 대답했다. "군자는 뜻을 이루지 못해 곤궁한 처지에 몰리더라도 원칙을 어기는 법이 없다. 그러나 소인은 일단 곤궁한 처지에 달하면 자포자기하는 심정으로 이 세상에 못 할 짓이 없게 된다."

지혜가 꼬리를 무는 역사 이야기

1577년 봄, 탕현조湯顯祖(명明대 희곡가)는 심무학沈懋學과 함께 과거 시험을 치르러 경성으로 올라갔다. 그들이 객잔에 짐을 풀고 시험 준비를 하고 있을 때 누군가가 그들을 찾아왔다. 당시 재상이었던 장거정張居正의 숙부였다. 장거정은 자신의 아들을 과거 시험에 급제시키기 위해 도움을 받을 수 있는 재능 있는 문인들을 찾고 있던 참이었다.

이때 장거정의 숙부가 문인들 가운데 탕현조와 심무가 가장 학식이 뛰어나다고 귀띔을 해줬던 것이다. 그래서 장거정은 숙부를 보내 두 사람에게 자신의 아들과 함께 과거 시험을 준비하면서 친구가 돼 달라고 부탁을 했다. 장안에서 1, 2등을 다투는 두 사람의 도움을 받는다면 자신의 아들도 과거시험에서 3등은 따 놓은 당상이 될 거라고 믿었던 것이다.

　권문세가와 가까워질 수 있는 절호의 기회라고 여긴 심무학은 무척이나 기뻐하며 곧장 장거정의 저택을 찾아갔다. 그러나 탕현조는 책을 펴든 채 움쩍달싹도 하지 않았다. 이에 장거정의 숙부가 재차 권유하며 말했다. "십여 년을 글공부에 매달렸지만 벌써 두 차례나 낙방하지 않았나? 마침 재수 좋게도 인재를 볼 줄 아는 재상께서 자네들을 거두려고 하는데 이참에 좀 도와주게. 재상의 아들이 과거에 급제만 하면 자네 인생은 그야말로 활짝 펴는 걸세. 자네 재주를 맘껏 뽐내며 천하에 명성을 날릴 수 있단 말일세. 괜한 쓸데없는 고집으로 그토록 좋은 기회를 다 놓친다면 너무 아깝지 않는가?"

　그러나 탕현조는 눈곱만큼의 동요조차 없이 담담한 어조로 대답했다. "이른바 군자는 곤궁해도 잘 견디지만 소인은 곤궁에 처하면 못하는 짓이 없다고 했습니다. 제가 선비로서 지조를 버리고 권문세가에 빌붙어 벼슬길에 오른다면 설사 과거에 급제했다손 치더라도 세상 사람들의 비웃음거리밖에 더 있겠습니까?" 장거정 숙부의 온갖 회유와 설득에도 탕현조는 기어코 뜻을 굽히지 않았다. 이 소식을 전해들은 장거정은 분통을 터뜨리며 말했다. "흥, 변변치 않은 서생 놈이 그깟 글재주 하나 믿고 하늘 높은 줄을 모르는구나. 내 위력이 얼마나 대단한지 기필코 보여주고 말테다!"

그해 3월 과거 시험에서 심무학은 장원으로, 장거정의 둘째 아들은 2등으로 나란히 급제했다. 반면에 그들에 비해 재능이 출중했던 탕현조는 여지없이 낙방하고 말았다.

그러나 이 일화가 전해지면서 탕현조의 명성은 전국 방방곡곡으로 퍼져나갔다. 천하의 뭇 백성들이 탕현조의 뛰어난 재능은 물론이거니와 어떤 상황에서도 결코 원칙을 어기지 않는 군자다운 모습을 흠모하며 칭송했다.

처음
시작하는
논어

7

누구도
늙어가는 것을
알지
못한다

누구도 늙어가는 것을 알지 못한다

不知老之將至(부지로지장지)

엽공이 자로에게 공자가 어떤 사람인지를 물었으나 자로가 대답을 못했다. 그러자 공자께서 말씀하시기를 "넌 어찌 그 사람됨이 학문에 몰두하면 배고픔도 잊고 도를 즐겨서 근심도 잊으며 늙어가는 것도 알지 못하는 사람이라고 말하지 아니하였느냐?"라고 했다.

초楚나라 대신 엽공葉公은 공자와 함께 한차례 정치에 관한 담론을 나누고 난 뒤 공자의 학식과 인품에 매료되고 말았다. 그러나 공자의 인물 됨됨이를 자세히 알지 못했기에 자로에게 물었다. "공자는 도대체 어떤 사람인가?" 자로는 젊은 시절부터 공자를 섬긴 제자로서 관직을 마다하고 반평생 동안 공자를 따라다녔다. 삼천여 명의 제자들 가운데 유일하게 공자와 언쟁을 벌이거나 때로는 신경질도 부리면

서 공자와 흉허물 없이 터놓고 지내던 사이로서 두 사람은 못할 말이 없을 정도로 친밀했다. 그럼에도 불구하고 자로가 엽공의 질문에 명쾌하게 대답을 하지 못했던 이유는 아마도 공자의 인품이 너무도 위대해서 어떻게 대답해야 할지 갑자기 할 말이 떠오르지 않아서였으리라.

　나중에서야 이 사실을 전해 들은 공자는 자로에게 왜 대답을 못했는지 물으면서 위의 명언을 곁들였다.

────────── **지혜가 꼬리를 무는 역사 이야기** ──────────

　청淸대 문학가 원매袁枚는 회시會試(향시鄕試에 합격한 거인擧人들이 치르는 과거 시험)에 합격하였다. 그는 사람됨이 영리하고 민첩하며 거침없고 호방한 글 솜씨로 사람들로부터 재능 있는 인재라고 칭송받았다. 그러나 나중에 한림원韓林院(학자들로 구성되어 궁중의 문서를 담당하던 기관)의 시험에서 꼴찌를 차지하는 바람에 강남 지역의 말단 관리로 쫓겨나고 말았다.

　원매는 강소성江蘇省 표수현漂水縣의 현령으로 재임하면서 청렴결백한 생활 습관을 지키고 유교의 가르침에 따라 공정하고 올바르게 정사를 돌보아 백성들로부터 존경과 우러름을 한몸에 받았다. 원매의 사람됨을 잘 알고 있던 그의 스승 윤계선尹繼善은 원매를 강소성 고우高郵의 태수로 추천했으나 조정에서는 이를 수락하지 않았다. 마침 그때 원매의 모친이 병으로 드러눕자 원매는 이를 핑계로 관직을 사직하고 수원隨園을 만들어 은둔 생활을 시작했는데 당시 그의 나이 서른 세 살이었다. 훗날 한두 차례 지방관을 역임했지만 결국엔 관직 생활에 환멸을 느낀 나머지 다시 은둔 생활로 되돌아갔다.

관직 생활의 속박을 싫어했던 원매는 수원으로 돌아와 술과 시를 벗 삼으며 마음이 통하는 친구들과 학문을 논하며 밤을 지새우기 일쑤였다. 이러한 그의 은둔 생활은 무려 사십오 년이나 이어졌다. 자유롭고 편안한 전원생활을 즐기면서 그는 자신이 늙어가는 것도 느끼지 못한 채 수많은 작품들을 완성했다. 원매의 뛰어난 문필은 당시 문단에서 '동남맹주東南盟主'라고 일컬어질 정도였다.

덕이 있는 사람은 외롭지 않고
반드시 이웃이 있다

德不孤 必有鄰(덕불고 필유린)

공자께서 말씀하시기를 "덕이 있는 사람은 외롭지 아니하고 반드시 이웃이 있다."라고 하였다.

———————

위의 이야기는 친구와의 교제에 대한 공자의 견해를 담고 있다. 즉 덕으로 친구를 사귀는 사람은 위기와 난관에 처할 때도 결코 외롭지 않다. 항상 뜻을 같이하며 도움의 손길을 내미는 친구가 있기 마련인 법이다. 이렇듯 덕으로 사귀는 친구는 서로의 잘못된 행동에도 따끔한 충고를 아끼지 않으며 서로를 선의의 길로 이끈다. 공자와 그의 오랜 친구 원양原壤의 우정은 가장 좋은 사례이다.

원양의 어머니가 돌아가시자 공자는 초상 치르는 것을 돕기 위해 곧장 그를 찾아갔다. 그러나 원양은 평소 예의범절을 중시하지 않던 사람인지라 문상을 온 공자를 보고서도 일어나 맞이하기는커녕 다리를 꼬고 앉은 채 꿈쩍도 하지 않는 것이었다. 특히나 예의범절을 중시하던 공자가 이를 가만히 두고 볼 리 만무했다.

그는 지팡이로 원양의 다리를 내리치며 질책했다. "자넨 어릴 때부터 부모를 공경할 줄 모르고 불효만 저지르더니 이게 뭔가? 커서도 제대로 이뤄놓은 일 하나도 없이 나잇살만 들었으니 그야말로 벌레만도 못한 사람일세!"

지혜가 꼬리를 무는 역사 이야기

남북조南北朝시대 여승진呂僧珍이라는 학식이 풍부한 선비가 있었다. 자손 대대로 광릉廣陵이라는 지역에 살던 그는 겸손하고 신중한 성격에 고상한 인품을 가진데다 사내대장부로서 담대하여 주변에 명성이 자자했다.

한편 계아季雅라는 정직하고 청렴결백하기로 소문난 남강南康 군수가 있었다. 강직한 성품으로 원리 원칙대로 법을 집행하느라 지방 유지들로부터 미운 털이 박혀 결국엔 파직되고 말았다.

관사를 비워야 했던 계아가 새로 살 집을 사방으로 알아보러 다니던 중이었다. 여승진이 군자 중의 군자라는 소문을 익히 듣고 있던 계아는 마침 여승진의 이웃이 이사 가려고 집을 내놓은 것을 알았다. 계아는 당장에 그 집을 사기로 결정하고 집주인을 찾아가서는 다짜고

짜 천백 냥에 집을 사겠다고 흥정했다. 꿈조차 못 꿀만큼 어마어마한 액수에 눈이 휘둥그레진 집주인은 단박에 집을 팔아치웠다.

계아가 새로 이사를 온 뒤 집 단장을 끝내자 이웃에 살던 여승진이 새 이웃과 인사를 나누기 위해 찾아왔다. 두 사람이 인사말을 주고받던 중에 여승진이 물었다. "얼마를 주고 이 저택을 장만하셨습니까?" 그러자 계아가 숨김없이 대답했다. "천백 냥 주고 사들였답니다." 이에 깜짝 놀란 여승진이 고개를 가로저으며 말했다. "이런, 너무 비쌉니다그려. 어찌 이처럼 작고 허름한 집을 그토록 비싼 값에 사들였습니까?" 그러자 계아가 웃으면서 대답했다. "천백 냥 가운데 백 냥은 집을 사는 데 썼고 나머지 천 냥은 당신처럼 훌륭한 인품과 학식을 갖춘 좋은 이웃을 구하는 데 썼답니다!"

음악의 아름다움에
석 달 동안 고기 맛을 알지 못했다

三月不知肉味(삼월부지육미)

공자께서 제齊나라에 계실 때 「소韶」라는 음악을 들으시고는 석 달 동안 고기 맛을 알지 못하셨다. 그리고 말씀하시기를 **"음악의 아름다움이 이처럼 극진함을 나는 일찍이 생각하지 못했다."**고 하였다.

공자가 서른다섯이 되던 해에 노나라에 변란이 발생했다. 공자는 난을 피하기 위해 인근 국가인 제나라로 옮겨갔는데 그곳에서 뜻밖의 수확을 얻었다. 바로 사람들이 이 세상에서 가장 아름다운 음악이라고 극찬해 마지않는 「소」라는 음악을 들을 기회를 얻은 것이다.

전해오는 이야기에 따르면 「소」는 고대 순舜임금 시절 예로부터 전해오는 음악들을 정리하고 덧붙여 만든 음악으로 「구소九韶」라고도 불린다. 처음으로 「소」를 접하게 된 공자는 그 아름다운 선율에 매료되어 몇 날 며칠을 음악에 흠뻑 취해 고기를 먹어도 맛있는 줄을 못 느낄 정도가 되고 말았다. 이에 공자는 탄식하며 말했다. "음악의 아름다움이 사람을 이렇게까지 감동시킬 줄은 정말로 미처 몰랐다!"

공자는 음악을 사회 문화 발전의 중요한 척도로 삼았으며 음악이 사람에게 미치는 교화敎化 작용을 대단히 중시했다. 그리하여 자신 스스로도 음악에 심취하고 몰두하여 상당히 심미안적인 식견을 갖추었다.

지혜가 꼬리를 무는 역사 이야기

전국戰國시대 한韓나라에 한아韓娥라는 유명한 여가수가 있었다.

한번은 여행길에 올랐다가 제나라에 이르렀을 즈음에 그만 여비가 바닥이 나고 말았다. 딱히 돈을 마련할 방법이 없었던 한아는 제나라 도성이었던 임치臨淄의 옹문雍門 앞에서 노래를 부르며 구걸을 하기 시작했다. 맑고 청량하면서도 부드러운 한아의 노래 솜씨는 금세 도성 전체로 소문이 파다하게 퍼졌다. 구름처럼 몰려든 구경꾼들은 한아의 노래가 끝나도 그 자리를 떠날 줄 몰랐다. 술 취한 사람마냥 한아의 아름다운 목소리에 심취한 구경꾼들은 집으로 돌아간 뒤에도 좀처럼 정신을 차리지 못했다.

그야말로 석 달 동안 고기 맛을 알지 못할 만큼 흠뻑 빠지고 말았다. 급기야는 사람들이 우르르 떼를 지어 한아가 묵고 있던 객잔까지 찾아와 다시 한 번 노래를 불러달라고 요청을 하기에 이르렀다. 결국 이를 귀찮게 여긴 객잔 주인이 한아를 내쫓고 말았다.

객잔에서 쫓겨난 한아는 거리를 떠돌며 구슬픈 노래를 부르며 흐느끼기 시작했다. 그 노랫소리가 얼마나 애달픈지 노래를 듣는 사람마다 저절로 눈물을 흘릴 정도였고 심지어는 깊은 상심에 젖어 밥까지 굶을 정도였다.

한아가 도성을 떠났다는 소문이 퍼지자 사람들이 그녀의 뒤를 쫓아가 붙들고서 노래를 간청했다. 그들의 정성에 감동한 한아는 다시 도성으로 돌아와 마지막으로 한 번 더 노래를 불렀는데 그녀의 꾀꼬리 같은 노랫소리는 방금 전까지만 해도 슬픔에 빠져 있던 사람들을 다시금 기쁨과 환희로 가득 차게 만들었다.

그 직위에 있지 않거든
그 자리의 정사를 논하지 말라

不在其位 不謀其政(부재기위 불모기정)

공자께서 말씀하시기를 "그 직위에 있지 않거든 그 자리의 정사를 논하지 말라."고 하였다.

"그 직위에 있지 않거든 그 자리의 정사를 논하지 말라."라는 말은 유가에서 말하는 이른바 '명분'과 관련되어 있다. 이는 바꿔 말하면 자신의 분수를 알고 스스로 본분을 지키라는 말이다. 그 직위에 있지도 않으면서 그 직위와 관련된 일에 왈가왈부 참견한다면 이는 예의에 어긋날 뿐만 아니라 월권 행위로 의심되기 십상이기 때문이다. 이러한 주장은 사회를 안정시키고 백성들이 민란을 일으키지 않도록 억제하는 데 상당한 작용을 했다.

자로가 지방관을 역임하고 있을 때였다. 제방을 쌓는데 부역 나온 백성들의 생활이 궁핍한 것을 보고 자로는 사비를 들여 밥과 국을 끓여 먹였다. 이 소식을 들은 공자는 즉시 제자를 보내 밥을 짓는 솥을 부숴버렸다. 이를 이해하지 못한 자로가 화가 머리끝까지 치밀어 붉으락푸르락하자 공자는 이렇게 설명했다.

"네가 사비를 털어 백성들에게 은혜를 베푸는 것은 법에 어긋나는 행위이다. 백성들의 생활이 궁핍하다는 것을 알았다면 우선 군주에게 이러한 사실을 알리고 국고를 이용하여 헐벗은 백성에게 구호미를 나눠주는 것이 바람직하다. 가난한 백성을 구한답시고 제멋대로 나선다면 오히려 왕위를 노린다는 의심을 받게 되어 생명이 위험해진다. 또한 개인의 능력으로는 장기적으로 백성들을 구호할 수 없기에 그저 일시적인 도움에 그칠 수밖에 없다. 이렇듯 근본적으로 가난을 구제하지 못하는 일시적인 도움은 오히려 백성들의 원성을 사고 오해를 불러일으키기 때문에 실로 그 해악이 크다."

─── 지혜가 꼬리를 무는 역사 이야기 ───

1149년, 송宋나라의 간신이었던 진회秦檜는 고종高宗의 명을 받들어 금金나라에 사신으로 건너가 굴욕적인 화친 조약을 맺었다. 그러나 다음해, 내란이 일어난 금나라는 화친조약을 깨고 송나라를 쳐들어갔다. 이때 한세충韓世忠은 군사를 이끌고 금나라 군과 싸워 대패시키고 영국공英國公에 봉해졌다. 그 다음 해 금나라 군이 또다시 침범하자 한세충은 명을 받들어 금나라 군과 치열한 전투를 벌인 끝에 하북河北 이북으로 내쫓아버리고 재침입하지 못하도록 만들었다.

같은 해, 진회는 화친을 반대하는 한세충·장준張俊·악비岳飛 등 장수들을 견제하기 위해 그들의 병권을 회수하고 세 사람 사이를 이간질시켜 차례로 축출하기 시작했다. 먼저 장준과 악비가 군대를 검열한다는 명목 아래 한세충의 사병들을 뿔뿔이 흩어지게 만든 뒤 한세충이 병권을 장악하려고 한다는 누명을 뒤집어씌웠다. 이에 원통함을 참지 못한 한세충은 사직한 뒤 집안에 틀어박혀 두문불출하며 지냈다. 그가 하는 일이라곤 하루 종일 당나귀를 타고 술을 벗 삼아 서호西湖를 유람하는 것이 전부였으며 국가 대사는 단 한 마디도 입에 올리지 않았다. 그 후 1151년 한세충은 병으로 숨을 거두고 강소성江蘇省 오현吳縣 영암산靈岩山의 기슭에 묻혔다.

진회에게 강력하게 반대하다 비참한 죽음을 맞이한 악비에 비하자면 한세충은 의심 많고 변덕스럽던 고종의 치하에서도 비교적 순탄하게 일생을 마친 셈이었다. 이는 아마도 '그 직위에 있지 않거든 그 자리의 정사를 논하지 말라'는 이치를 잘 따른 덕분이었을 것이다.

일을 잘하려면
먼저 그 연장을 날카롭게 해야 한다

工欲善其事 必先利其器(공욕선기사 필선리기기)

자공이 인仁을 어떻게 이루는지 묻자 공자께서 말씀하시기를 "장인이
일을 잘하려면 반드시 먼저 그 연장을 날카롭게 해야 하는 법이다. 이 나라
에 살면서 그 나라의 어진 대부를 섬기며 그 나라의 어진 사람을 벗으로 삼
아야 한다."라고 하였다.

───────────

어느 날 자공이 공자에게 인을 이루는 방도를 물었다. 그러자 공
자는 잠시 생각에 잠기더니 장인이 그의 일을 완벽하게 잘 해내려면
먼저 연장과 도구를 잘 준비해야 한다고 말했다.

그렇다면 인을 이루려면 어떤 연장이 필요할까? 공자는 나라를
위해 공헌을 하고 싶다면 반드시 그 나라 안의 어질고 현명한 사람들
과 교류를 해야 한다고 강조했다. 바꿔 말해서 먼저 나라의 실제 현황

을 잘 파악하고 여러 관리들과 친분을 맺어야만 나라를 위해 공헌할 수 있는 기회를 얻어 인덕仁德을 이룰 수 있다는 뜻이다.

위의 이야기에서 보듯이 공자는 현실과는 동떨어진 채 학문에만 몰두하는 융통성 없는 학자가 아니었음을 알 수 있다. 그는 출세하여 세상에 이름을 떨치는 '입신양명'의 필요성도 알고 있었으며 인간관계도 적절히 활용할 줄 아는 현실적인 교육자였다.

―――――――― **지혜가 꼬리를 무는 역사 이야기** ――――――――

진晉대, 조적祖逖은 어린 시절부터 미래에 대한 꿈과 크나큰 포부를 가지고 열심히 글공부에 매진했다. 나날이 실력을 쌓아가는 그를 두고 사람들은 이다음에 크면 황제를 보필하며 나라를 다스릴 인재라고 입을 모아 칭송했다.

조적이 스물네 살이 되던 해에 누군가가 말단 관직을 추천했지만 그는 정중히 사양하고 글공부만 전념했다. 그 후 어린 시절부터 친구였던 유곤劉琨과 함께 사주司州의 주부主簿(기록과 문서를 담당하던 관직)직을 맡아 일하게 되었다.

어느 날 밤 조적은 잠을 자다가 수탉의 울음소리에 깜짝 놀라 잠이 깼다. 그는 옆에서 자고 있던 유곤을 깨우며 말했다. "사람들은 한밤중에 닭이 울면 재수 없다고들 말하는데 내 생각은 다르네. 이렇게 아니라 우리 앞으로 닭소리가 울릴 때쯤에 일어나서 검술 연습을 하는 게 어떤가?" 유곤 역시 '장인이 일을 잘하려면 반드시 먼저 그 연장을 날카롭게 해야 한다.'는 이치를 잘 알고 있었다. 그래서 두 사람은 날마다 닭소리에 맞춰 일어나 검술 연습을 했다. 봄, 여름, 가을, 겨울이 지나 일 년이 다 되도록 그들은 단 하루도 연습을 게을리 하지 않았다. 그리하여 마침내 문무를 겸비한 인재가 될 수 있었다.

훗날 조적은 진서鎭西장군으로 임명되어 국가를 위해 봉사하겠다는 소망을 이루게 되었다. 또한 유곤은 병주幷州(지금의 산서성山西省 일대)·기주冀州(지금의 하북성河北省 일대)·유주幽州(지금의 북경北京)의 군사를 통괄하게 되면서 그의 재능을 맘껏 발휘하게 되었다.

자기가 원하지 않는 일을
남에게 시키지 말라

己所不欲 勿施於人(기소불욕 물시어인)

중궁仲弓이 인仁에 대해서 물었다. 그러자 공자께서 말씀하기를 "문밖에 나서거든 큰손님을 뵙는 듯이 하며 백성 대하기를 큰 제사 받들 듯이 하고 자기가 하고 싶지 않은 일을 남에게 시키지 말아야 한다. 그러면 나라에 원망이 없으며 집에서도 원망이 없을 것이다."라고 하였다.

―――――――――――

중궁의 이름은 염옹冉雍이다. 그는 비천한 평민 출신이었지만 공자는 결코 그를 깔보는 법이 없었다. 중궁의 뛰어난 덕행과 자기수양을 공자는 높이 평가하며 훗날 고위 관직의 벼슬까지 나아갈 수 있을 거라고 믿었다.

그래서 공자는 이러한 비유를 들며 중궁을 칭찬하기도 했다. "얼룩진 잡색의 소가 새빨갛고 뿔이 가지런하게 돋은 송아지를 낳았다고 하자. 송아지의 어미가 천하다하여 그 송아지를 제사용으로 쓰지 않는다면 산천의 신령들이 그 훌륭한 송아지를 가만히 놔두겠느냐?"

한번은 중궁이 어떻게 정사를 처리해야 하는지 묻자 공자는 자세히 치국의 도를 설명했는데 그 요지는 바로 '자기가 하고 싶지 않은 일을 남에게 시키지 말아야 한다'는 내용이었다. 공자의 설명을 다 듣고 난 중궁은 이렇듯 겸손하게 대답했다. "제가 비록 총명하지는 못하지만 스승님의 가르침을 잘 실천하도록 노력하겠습니다."

───────── **지혜가 꼬리를 무는 역사 이야기** ─────────

명대 숭정崇禎 때 대기근이 들면서 굶주림에 허덕이던 백성들이 민란을 일으켰다. 설상가상으로 청나라 군이 쳐들어오면서 그야말로 국가의 재정이 바닥이 나버린 절체절명의 위기가 닥쳤다. 위기를 벗어나는 유일한 해결책은 숭정 황제가 과감하게 황실의 사유 재산을 구호금으로 내놓는 것이었다. 황제가 솔선수범을 보이면 백성들의 사기가 진작될 것이고 조정의 대신들도 자진하여 구호금을 내놓을 것이기 때문이었다. 그러나 숭정 황제는 황실의 재산을 내놓기를 꺼려했다.

숭정 황제는 자신은 구호금을 내놓지 않으면서도 오히려 조정의 대신들에게는 돈을 내놓으라고 강요했다. 심지어는 대신들을 감옥에 가둬 위협하기까지 했다. 이자성李自成이 이끄는 청나라 군이 바로 코앞까지 밀어닥쳤는데도 숭정 황제는 황실의 돈을 내놓지 않고 말단 관직의 관리들에게까지 닦달했다. 그래도 돈이 모아지지 않자 이번에는 황제의 체면을 다 버린 채 환관들과 종친들에게 돈을 내놓으라고 강요했다.

그 결과 청나라 군은 도성 문 앞까지 쳐들어왔고 백성의 원성은 하늘을 찌를 듯했다. 대신들은 뿔뿔이 흩어졌으며 일부는 이자성의 수하로 들어갔다. 또한 환관들 대부분이 그를 배반하였다. 발등에 불이 떨어지고 나서야 다급해진 숭정 황제는 황실의 돈을 내놓으려고 했지만 이미 천하는 청나라의 수중에 떨어지고 난 뒤였다.

지난 일은
탓하지 않는다

旣往不咎(기왕불구)

공자께서 듣고 나서 말씀하시기를 "이미 이루어진 일은 말하지 않으며 끝난 일은 간하지 않으며 지난 일은 탓하지 않는다."라고 하였다.

제사는 예로부터 전해오는 의식 행위이다. 옛 성현들은 "나라의 큰일은 제사와 전쟁에 있다."라며 제사의 중요성을 강조했다. 제사의 대상은 하늘 신·땅 신·조상이 주류를 이루었고, 제사의 명칭과 목적이 복잡했을 뿐만 아니라 제사에 사용되는 용품도 실로 다양했다.

예컨대 나라를 세웠을 때는 땅 신에게 제사를 지내는 사당을 지어서 그 지역에서 성장하는 나무로 땅 신의 위패를 만들었다. 그리하여 주周나라는 도읍을 정한 이후 나라의 기틀을 다졌던 경양慶陽에 사당을 세우고 일 년에 한 번씩 제사를 지냈고, 삼 년째가 되는 해에는 대규모의 제사를 올렸다. 매 제사 때마다 왕이 직접 참석했는데 부득이하게 불참하게 될 경우에는 조정 대신들을 파견했다.

한번은 노 애공哀公이 재아宰我에게 물었다. "땅 신에게 제사 올릴 때 사용하는 위패는 무슨 나무로 만들어야 하는 거요?" 그러자 재아가 대답했다. "하夏나라 때는 소나무로 만들었고 은殷나라 때는 측백나무로 만들었고 주나라 때는 밤나무로 만들었습니다. 밤나무로 만든 이유는 백성들이 군주를 무서워하며 벌벌 떨도록 만들기 위함이었습니다."

이 말을 듣고 난 공자는 재아가 주나라 왕을 비웃고 조롱하고 있다고 여겼다. 그리하여 불쾌한 듯 재아를 비판하며 "이미 이루어진 일은 말하지 않고 끝난 일은 간하지 않으며 지난 일은 탓하지 않는 법이다."라고 말했다.

지혜가 꼬리를 무는 역사 이야기

갱시제更始帝 1년(23년) 10월, 유수劉秀는 갱시제 유현劉玄의 명령을 받들어 군사들을 이끌고 전쟁터로 나갔다. 그해 말에 한단邯鄲 지역의 지방 세력과 한漢나라 종실이 힘을 모아 왕랑王郎을 왕으로 옹립했던 것이다. 왕랑은 급속도로 세력을 키워가면서 눈 깜짝할 사이에 한단 이북 지역과 요동遼東 서남 지역을 모두 그의 세력 범위로 포함시켰다.

유수는 왕랑의 본거지인 한단을 공격했다. 성을 포위한 뒤 이십여 일에 걸쳐서 무차별 공격을 퍼부어대자 성안의 사람들은 더 이상 저항할 수가 없었다. 이에 왕랑의 심복이었던 이립李立이 제멋대로 성문을 열어 한나라 군을 맞아들였다. 왕랑은 밤을 틈타 성을 빠져나갔으나 도중에 살해당하고 말았다.

개선가를 올리며 성안으로 들어선 유수는 왕랑의 거처에서 수많은 문서와 서한 등을 압수했다. 그런데 그 문서 더미 속에는 자신의 부하가 남몰래 왕랑과 내통하며 그를 헐뜯고 모함한 내용의 서한이 수천 통에 달했던 것이다. 그러나 유수는 가타부타 아무런 말도 없이 그 자리에서 모든 서한을 불태웠으며 그 죄를 추궁하지도 않았다.

'이미 지난 일은 탓하지 않는다'는 유수의 태도는 여러 사람들에게 관대하고 아량이 넓은 자비로운 이미지를 심어주었으며 이는 그의 세력을 넓히는 데 많은 도움이 되었다.

천하를
셋으로 나누다

三分天下(삼분천하)

공자께서 말씀하시기를 "인재를 얻기가 어렵다고 했는데 참으로 그렇지가 않느냐. 요순堯舜 시대 이후로 주나라에 인재가 가장 많았다. 무왕에게 있었던 열 명의 신하 중에 하나는 무왕의 아내가 있었으니 나머지는 아홉 명인 셈이다. 주나라는 천하의 3분의 2를 차지하고서도 여전히 은나라를 섬겼으니 주나라의 덕이 참으로 컸다고 말할 수 있다."라고 하였다.

은나라 말년 주紂왕은 주변의 제후국들에게 폭정을 펼치다가 결국엔 통제력을 잃고 말았다. 게다가 서남쪽의 국가들 모두 주나라에 귀속하기 시작했다. 주 문왕은 귀속하는 제후들을 흡수하는 동시에 주변의 원阮·공共·견융犬戎 등 작은 나라들을 정복하여 황하 서안 일대를 평정했다. 이렇듯 나날이 세력을 넓혀가면서도 문왕은 은나라를

조심스레 섬겼다.

매번 조상에게 제사 지낼 때마다 주 문왕이 항상 공손한 태도로 제사를 모시자 이를 흡족하게 여긴 주왕은 '서백西伯'이라는 칭호를 하사했다.

문왕 말년에 이르러 주나라의 세력은 더욱 강성해져 장강長江·한수漢水·여수汝水 지역까지 확장되었다. 그리고 마침내는 천하의 3분의 2를 차지하게 되었던 것이다. 문왕은 천하의 제후들이 서로 연계할 수 있는 구심점을 만들었고 자신의 아들 무왕武王이 은나라를 멸망시키는 토대를 마련해주었다. 훗날 무왕이 은나라를 공격할 때 각 지역의 제후들이 동맹을 맺기 위해 자발적으로 몰려들었는데 그 숫자가 팔백 명이 넘었다.

지혜가 꼬리를 무는 역사 이야기

한漢 말, 천하가 혼란에 빠지고 군웅이 할거할 무렵 조조曹操는 실권을 장악하고 있으면서도 한사코 한나라 왕실을 떠받들었다. 그후 말년에 이르러서 이 북방의 대부분 지역을 손아귀에 틀어쥐어 한 마디로 천하의 3분의 2를 차지했지만 조조는 여전히 황제를 칭하지 않았다. 대신 한나라 왕실을 떠받드는 척하면서 각국의 제후들을 호령하는 책략을 사용했다.

이에 손권孫權이 서한을 보내 황제로 즉위하라고 설득하자 조조는 "이 녀석이 나를 화롯불 위에 올려놓고 구워 먹을 생각이구나!"라며 완강히 거부했다.

조조는 한나라 왕실의 정통성을 보존하면서 천하가 혼란에 빠지지 않도록 애를 썼다. 조조가 스스로 황제를 칭하지 않은 것은 일종의 정치적 전략이었지만 어쩌면 자신의 이상주의에서 비롯된 행동이었을 것이다. 왜냐하면 조조는 평소 주공周公(주 문왕의 아들)과 관중管仲 등을 흠모하고 떠받들었다. 또한 주 문왕을 칭송하며 "은나라 왕실을 섬기며 공헌을 했기에 신하로서의 절개를 간직할 수 있었다."라고 말한 적도 있었기 때문이다.

참으로 흰 것은
염색을 해도 물들지 않는다

磨而不磷 涅而不緇(마이불린 날이불치)

불힐佛肹의 부름을 받고 공자가 가려고 하자 자로가 말했다. "전에 스
승님께서 말씀하시기를 '군자는 악한 일을 하는 사람에게는 가지 않는다'
고 하셨습니다. 불힐은 중모中牟 땅을 약탈하여 반란을 일으킨 자인데 스승
님께서 친히 그에게 가시려고 하니 도대체 무슨 연유입니까?" 그러자 공
자가 말했다. "그래, 그런 말을 한 적이 있다. 그러나 속담에도 '참으로 단
단한 것은 맷돌로 갈아도 닳지 않고 참으로 흰 것은 염색을 해도 물들지 않
는다'는 말이 있다. 내가 어찌 표주박처럼 사람들에게 먹히지도 않고 매달
려만 있을 수 있겠느냐?"

공자가 위衛나라에 머물고 있을 무렵 진晉나라의 조간자趙簡子
는 권문세가인 범範씨·중행中行씨와 분쟁을 일으켰다. 이때 조간자의
가신이었던 불힐은 기회를 틈타 중모(지금의 하북성河北省 형대邢臺와 한단邯

鄲 부근) 땅에서 반란을 일으켰다. 불힐은 이를 계기로 조간자의 위력을 꺾고 세력을 확장시켰다.

불힐은 공자가 위나라에서 중용되지 못하고 조롱거리가 되는 것을 보고 사람을 보냈다. 자신을 도와 명성을 드높이며 책사 역할을 담당해 줄 것을 요청했던 것이다. 이에 공자가 요청을 수락하고 불힐을 찾아가려고 하자 자로가 반대하며 앞을 가로막았다. 그러자 공자가 탄식하며 말했다. "속담에도 '참으로 단단한 것은 맷돌로 갈아도 닳지 않고, 참으로 흰 것은 염색을 해도 물들지 않는다'는 말이 있다. 내가 어찌 표주박처럼 사람들에게 먹히지도 않고 매달려만 있을 수 있겠느냐?"

비록 말은 그렇게 했지만 공자는 제자들의 강력한 반대와 혼란에 빠진 나라의 상황을 감안하여 중모로 가지 않았다.

─────── 지혜가 꼬리를 무는 역사 이야기 ───────

'참으로 단단한 것은 맷돌로 갈아도 닳지 않고 참으로 흰 것은 염색을 해도 물들지 않는다'라는 말은 훗날 송宋대 민족 영웅 악비岳飛가 사용했던 벼루에 다시금 등장했다. 그 벼루에는 악비가 직접 새겨 넣은 '세속에 닳지 않고 물들지 않으며 결백을 지킨다'라는 글귀가 남아 있다.

악비는 벼루의 단단함과 돌의 재질이 주는 매끈한 부드러움을 매우 좋아했다. 그리하여 벼루에 빗대어 단단한 돌과 같은 절개를 지키면서 금金나라에 항거하여 잃어버린 국토를 수복하겠다는 자신의 영원불변한 지조를 표현했던 것이다. 그 후로도 악비는 벼루를 항상 몸에 지니고 다녔으며 그 벼루를 이용하여 조국 산하를 기린 『만강홍滿江紅』을 써냈다.

훗날 송 고종高宗은 금나라와의 화친을 주장하는 재상 진회秦檜의 모함에 넘어가 악비 부자를 소환하여 감옥에 가두었다. 그리고 어사 하주何鑄를 시켜 악비를 심문하게 했는데 이때 자신의 웃옷을 찢어서 드러낸 악비의 등에는 그의 모친이 직접 문신을 새긴 '충성으로 국가에 보답하다'라는 글자가 새겨져 있었다. 하주는 이러한 상황을 진회와 고종에게 보고를 올렸으나 고종은 끝내 악비 부자를 처형시키고 말았다.

태백의 덕을 칭송할 마땅한 표현이 없다

無得而稱(무득이칭)

공자께서 말씀하시기를 "태백은 그 지극한 덕이 있는 사람이라 하겠다! 세 번이나 천하를 사양했으나 백성들이 그 덕을 칭송할 수조차 없구나."라고 하였다.

———————

태백은 주 태왕太王 고공단부古公亶父의 큰아들로서 주 문왕의 백부이다. 『사기史記 - 주본기周本紀』에는 다음과 같은 내용이 기록되어 있다.

고공단부는 태백·중옹仲雍·계력季歷이라는 세 아들이 있었다. 계력의 아들이 희창姬昌으로 훗날 주 문왕이 되었다. 전해 오는 이야기에 따르면 희창이 태어날 때 상서로운 길조가 나타났는데 할아버지였던 고공단부는 "나의 시절에 나라를 크게 일으킬 사람이 날 것이라 했는데 바로 이 아이가 아닌가?"라고 말하며 강보에 쌓인 어린 손자에 대한 기대와 희망을 드러냈다.

이 말에 큰아들이었던 태백은 아버지가 가업을 셋째 계력에게 물려준 뒤 희창이 잇도록 하고 싶어 한다는 사실을 눈치챘다. 그리하여 스스로 둘째 중옹과 함께 먼 곳의 형만荊蠻 땅으로 떠났다. 그리고 머리카락을 짧게 자르고 몸에는 문신을 하여 오랑캐 사이에 숨어 살며 왕위가 희창에게 돌아가도록 했다.

형만 땅으로 옮겨온 뒤 태백은 스스로 왕위에 올라 나라 이름을 '구오句吳'라 칭하고 인과 의를 베풀었다. 수많은 백성들이 자발적으로 태백을 따르며 숭배했고 그의 은덕을 칭송하고자 해도 마땅한 표현이 없을 정도였다. 태백은 오 땅에 도성을 지었고 이는 훗날 오나라로 발전했다.

지혜가 꼬리를 무는 역사 이야기

청淸대 근 삼백 년의 통치 기간 중에 청렴결백한 관리들이 적잖았지만 그 가운데 가장 유명한 사람은 바로 강희康熙 황제로부터 '천하제일의 청백리'라는 칭호를 받은 어성룡於成龍이다.

어성룡은 자는 북명北溟으로 산서성山西省 영녕주永寧州 사람이다. 명대 만력萬曆 45년(1617년)에 태어나서 청대 강희 23년(1684년)에 사망했다. 대대로 관리를 배출하던 명문 집안에서 태어난 그는 가정

환경의 영향으로 재능이 남다른데다 예의 바르고 말과 행동이 신중했으며 근검절약이 몸에 배어 있었다.

어성룡은 강희 연대에 활약했던 대신이었지만 실은 명말 숭정崇禎 12년(1639년)에 과거 시험을 치러 급제한 경력이 있었다. 그러나 연로한 부친을 봉양하기 위해 관직을 미뤘다가 그의 나이 마흔다섯이 돼서야 광서성廣西省 유주柳州 나성현羅城縣의 지현知縣을 시작으로 벼슬길에 나서게 되었다.

어성룡은 황제의 인정을 받아 중용된 뒤에도 사리사욕을 채우거나 권력을 남용하는 법이 없었다. 항상 청빈한 생활을 유지하며 선정을 베풀어 백성들은 그의 은덕과 인품을 칭송하고자 해도 뭐라 표현할 말이 없을 정도였다. 훗날 강희제는 그에게 '천하제일의 청백리'라는 칭호를 하사했는데 남에게 베풀기만 하고서도 천하의 명성을 얻은 그를 '청백리'라는 한마디로 정의 짓기에는 부족한 감이 있다.

사람이 죽을 때는
그 말이 착하다

人之將死 其言也善(인지장사 기언야선)

증자가 말하기를 "새가 죽을 때는 그 울음소리가 애처롭고 사람이 죽을 때는 그 말이 착하다."라고 하였다.

증자가 병으로 드러눕자 노나라의 대부 맹경자가 병문안을 왔다. 맹경자가 병세를 묻자 증자가 대답했다. "새가 죽을 때는 그 울음소리가 애처롭고 사람이 죽을 때는 그 말이 착해지는 법입니다. 군자로서 지켜야 할 도道에는 세 가지가 있습니다. 몸을 움직임에는 사납고 거만함을 멀리하고, 얼굴빛을 바르게 함에는 믿음직하게 하고, 말을 함에는 비천하고 어긋남을 멀리할 것이니 그 밖에 제사를 차리는 것 같은 소소한 일은 담당 관리가 있어야 할 것입니다."

춘추시대 자낭子襄은 초나라의 영윤令尹대부였다. 영윤은 국가의 군권을 책임지는 일종의 특설 고위 관직이었다.

『좌전左傳·양공襄公 14년』의 기록에 따르면 기원전 559년 가을 초 강왕康王이 즉위했다. 초 강왕은 과거 용포庸浦 전투의 패배를 설욕하기 위해 군사를 일으켜 오나라를 공격할 준비를 했다. 그는 자낭에게 군사를 이끌고 초나라 변경 지역에 주둔하면서 전쟁을 준비하도록 명령했다.

마침내 공격의 날이 다가왔다. 자낭은 군사를 이끌고 파죽지세로 오나라를 공격했지만 웬일인지 오나라 군은 전투에 응하지 않았다. 잔뜩 의기양양한 기세로 오나라를 쳐들어갔던 초나라 군은 김이 빠진 채 주둔 지역으로 되돌아오게 되었다. 겁에 질린 채 마지못해 수비만 하는 오나라 군을 보며 자낭은 이내 경계심이 풀어지고 말았다.

그러나 누가 알았으랴. 오나라 군은 군사를 매복시켜 초나라 군의 퇴각로를 차단하여 무차별 공격을 가하고 만 것이다. 초나라 군은 예기치 못한 공격에 혼비백산하여 갈팡질팡하다 대패하고 말았다. 심지어 자낭이 수행하던 공자 의곡宜谷마저 오나라 군에게 포로로 잡히고 말았다. 자낭 역시 심각한 부상을 입어 도성으로 돌아오자마자 죽고 말았다. 자낭은 임종을 앞둔 순간에도 나라의 안위에 대한 걱정을 떨치지 못한 채 그의 뒤를 이어 영윤대부직을 맡은 자경子庚에게 이렇게 당부했다. "반드시 초나라의 도성을 에워싸고 있는 해자를 보수하여 오나라 군의 침공에 대비토록 하게."

무릇 "새가 죽을 때는 그 울음소리가 애처롭고 사람이 죽을 때는 그 말이 착하다."라고 하였다. 죽음을 눈앞에 두고서도 나라를 걱정하던 자낭의 애국심은 가히 후세의 모범이 될 만했다.

초판 인쇄 2022년 3월 30일
초판 발행 2022년 4월 5일

편저자   김세중
펴낸이   김상철
발행처   스타북스
등록번호   제300-2006-00104호
주소   서울시 종로구 종로 19 르메이에르종로타운 B동 920호
전화   02) 735-1312
팩스   02) 735-5501
이메일   starbooks22@naver.com
ISBN   979-11-5795-639-5 03150